SEKAI GURUTTO HOROYOI KIKO
by NISHIKAWA Osamu
Copyright ⓒ 2010 NISHIKAWA Osamu
All rights reserved.

Originally published in Japan by SHINCHOSHA Publishing Co., Ltd., Tokyo.
Korean translation rights arranged with SHINCHOSHA Publishing Co., Ltd., Japan
through THE SAKAI AGENCY and YU RI JANG LITERARY AGENCY.

이 책의 한국어판 저작권은 유·리·장 에이전시를 통한 저작권자와의 독점 계약으로 나무발전소에 있습니다. 저작권법에 의해 한국 내에서 보호를 받는 저작물이므로 무단 전재와 무단 복제를 금합니다.

행복한 세계 술맛 기행

맛있는 술과 안주를 찾아 지구 한 바퀴

니시카와 오사무 글·사진
이정환 옮김

본문의 [★] 표 이미지는 저자가 촬영한 사진이 아닌 편집부에서 이미지컷으로 사용한 사진입니다.

I drink therefore I am!

프롤로그

수줍은 남자의 40년 술사랑

스콜, 슬론차, 치어스, 살루테, 무바라크, 프로스트, 니뉴오, 야므센, 건배, 챠이요, 간페이, 감빠이, 비바비바, 마부헤이, 상테, 요우, 사우데, 살루으, 트루야가, 나 즈다로비에….

이 말은 모두 세계 각국에서 건배를 할 때 구호처럼 외치는 신성한 용어다. 여러분은 지금까지 "건배!"를 몇 번이나 힘주어 외쳤는가.

네 살 때 처음으로 술을 마셨다.

얼굴이 벌겋게 달아올라 비틀거리는 내 모습을 보고 어른들은 깜짝 놀라 즉시 병원으로 업어 날랐다. 의사는 계속 고개를 갸웃거리기만 할 뿐이었다. 열은 없는데 호흡이 거칠었다.

옆에 있던 간호사가 달콤하면서도 강렬한 냄새를 풍기는 내 숨결에서 무엇인가 감지하고는 혹시 위스키를 마신 것은 아닌지 의심했고, 결국 위세척까지 하는 소동이 벌어졌다. 그리고 병원에서 술이 완전히 깬 뒤에 집으로 돌아왔다.

나는 북만주(北滿州) 목단강(牧丹江)에서 태어나 여섯 살까지 그곳에서 살았다. 마을에는 러시아 혁명 때문에 도망쳐 온 러시아인들이 있었는데 우리는 그런 러시아인들과도 잘 지내 버번위스키를 쉽게 손에 넣을 수 있었다.

그때가 나의『행복한 세계 술맛 기행』의 시작이었다.

그러던 어느 여름날 저녁, 러시아군이 목단강 역을 공습했고 그날부터 우리의 귀국 소동이 시작되었다. 귀국한 이후, 먹을 것이 없어서 굶어야 하는 기아 상태도 경험해야 했다. 하지만 그런 상황에서도 아버지에게 술이 없는 생활은 있을 수 없었다. '폭탄'이라고 불리는 독한 소주도 마셨고, 한 번 마시면 죽을 수도 있고 눈알이 짓무를 수도 있다는 메틸알코올도 마셨다. 만약 지금 그런 시대가 돌아온다면 나도 주저하지 않고 그런 알코올에 손을 댔을 것이다.

초등학교 4학년 때인가, 정월의 도소주(屠蘇酒 : 설날 아침에 마시는 술)를 맛보았는데 정말 맛이 좋았다.

일반적으로 생각한다면 네 살 때 이미 술 때문에 고통스런 경험을 했으니까 술에 혐오감을 느끼고 다시는 술을 입에 대지 않을 거라 생각할 테지만 나는 그 반대였다.

4학년 이후부터는 몰래 훔쳐 마시기까지 했다.

그리고 중학생이 되었을 때에도 목수들과 술잔을 기울였다. 우리 집이 제재소를 운영해서 목수들의 출입이 많았기 때문이다. 당시에는 폐허에 많은 집들이 세워지고 있었다.

집이 완성되면 상량식을 하고 축하를 하는데 어린아이가 그곳에서 어른들과 함께 술잔을 기울였으니 정말 신기한 광경이었을 것이다. 아버지도 그 자리에 함께 있었다. 아버지는 매우 엄한 편이었지만 술에는 정말 관대했다.

고등학생 시절에는 한 달에 한두 번 정도 친구들과 함께 전골을 안주 삼아 한 되 들이 술병을 비웠다. 전골과 술이라니, 고등학생 주제에 엄청난 사치라고 생각할 수 있지만 기슈(紀州)는 생선도 풍부한데다 쇠고기 소비량도 전국 최고였기 때문에 술은 당연히 전골을 안주 삼아 마시는 것인 줄 알았다.

대학 시절에는 학교에도 가지 않고 매일 술잔을 기울였고 늘 숙취에 시달렸다. 정말 의미 없는 시간을 보냈다.

사진가가 된 이후에도 매일 아침까지 술을 마시고 그대로 로케용 버스에 올라타는 생활의 반복이었다. 그래도 젊었기 때문인지 육체적으로는 큰 무리가 없었다.

그 즈음, 해외에도 자주 나갔다. 요트 사진 촬영 차 오스트레일리아에 갔을 때에는 싸구려 와인과 말린 쇠고기 스테이크를 안주 삼아 술을 마셨다.

반년 동안의 그런 단순한 식생활이 완전히 바뀌는 계기가 된 것은 귀국 길에 들른 홍콩에서의 일주일 동안의 경험이었다. 중국의 소홍주(紹興酒), 모대주(茅臺酒), 오가주(五加酒), 그리고 삼사약주(三蛇藥酒) 등의 독한 술을 마셨다. 그리고 그때 처음으로 중국에도 연대홍포도주(烟臺紅葡萄酒), 청도백포도주(靑島白葡萄酒) 등의 와인이 있다는 사실을 알게 되었고 과일주도 과일의 종류만큼이나 많다는 사실을 알았다. 무한대로 존재하는 술을 마시며 돌아다녔고 그에 어울리는 다양한 요리를 먹었다. 품성이 좋지 않은 여자의 유혹에 넘어간 순진한 남자처럼 정신없이 마셔댔다. 오스트레일리아에서 반년 동안 체류하며 촬영을 하고 받은 돈은 즉시 바닥을 드러냈다. 카메라와 렌즈를 팔았다. 카메라맨이 카메라와 렌즈를 판다는 것은 무사가 칼을 버리는 것과 같지만 그 정도로 술이 고팠다.

그 후, 틈이 날 때마다 홍콩을 들락거렸다.

몇 년 후에 고양이를 다룬 사진집 『마미네트』가 베스트셀러가 되어 반년 동안 유럽을 순회할 기회가 생겼다. 하지만 인세로 받은 돈은 얼마 지나지 않아 금방 바닥이 났다. 그 시기에 와인의 맛을 알았다.

다시 약간의 돈이 주머니에 들어오면 참지 못하고 즉시 외국으로 나갔다. 낮에는 카메라를 손에 들고 재미있는 장면은 없는지 거리를 방황하다가 "How dry I am!" 목이 말라 못 견디겠다는 식으로 맥주를 마셔댔다. 저녁에는 하는 일 없이 다시 알코올과 보내는 시간.

해외로 출장을 가는 일이 절반 정도로 줄어들었다. 한때는 해외에서 생활을 했던 적도 있었는데 그때 정말 다양한 장소에서 다양한 사람들과 다양한 술자리를 경험했다.

40년이 넘는 기간 동안 곤드레만드레가 되어 보냈던 시간을 정리한 것이 이 책이다. 독자 여러분도 술 한 잔 걸친 기분으로 페이지를 넘겨주시기 바란다.

이 원고의 첫 머리에 소개한 것은 술을 마실 때의 인사다. 이 용어를 사용하는 나라의 이름을 밝혀둔다.

우선 스콜은 아이슬란드 · 스웨덴 · 덴마크, 슬론차는 아일랜드, 치어스는 미국, 살루테는 이탈리아에서 자주 사용한다. 이탈리아의 공식석상에서는 친친이라는 용어를 사용하지만 매우 친한 사이에는 사르테라는 용어를 사용한 것으로 기억한다. 무바라크는 인도, 니뉴오는 케냐.

야므센은 싱가포르, 건배는 한국, 챠이요는 태국. 간페이는 중국의 북경, 광동에서는 곤페이라고 발음한다. 프로스트는 독일과 네덜란드, 감빠이는 일본이다. 일본인들은 축하석상이나 공식석상이 아니면 입에 담는 경우가 별로 없다. 술잔에 술을 따르면 그대로 입으로 가져간다. 비바비바, 또는 오커레마루우마(Okole Maluma)는 하와이다. 마부헤이는 필리핀, 사우데는 포르투갈과 브라질, 상테와 프로스트는 벨기에에서 사용한다. 요우는 가장 짧은 용어이지만 베트남에서 자주 사용한다. 이중에서 가장 간결하고 마음에 드는 용어다. 그리고 이탈리아처럼 친친도 사용한다.

  술을 마시기 전에 외치는 구호로 가장 마음에 드는 말은 멕시코의 살루으다. '살루으'라고 외친 다음, 테이블에 두드려도 깨지지 않는 낮고 두꺼운 글라스를 이용하여 데킬라를 마신다. 왜 술잔으로 테이블을 두드리는 것인지 그 이유는 알 수 없다. 몽골의 게르에서는 술을 마시기 전에 트루야가를 외친다. 프랑스에서는 (아보트르)상테라고 외친다. 얇고 커다란 글라스를 가볍게 들고 상테라고 외치는 모습은 역시 맵시가 느껴진다.

  나는 아직 러시아는 가본 적이 없다. 반드시 '나 즈스다로비에'라고 큰소리로 구호를 외치고 워커를 마셔보고 싶다.

  건강을 축하하며 건배!

차례

프롤로그　수줍은 남자의 40년 술사랑 • 7

제1장　**유럽편**
스콜! 슬론차! 상테!

스카치를 마시며 송어 낚기 • 19
스코틀랜드★스카치(Scotch)

퍼브에 죽치다 • 23
영국★맥주(Bitter)

쓸쓸한 우윳빛깔, 리카르 • 29
프랑스★리카르(Ricard)

오늘 저녁 키스는 사양 • 35
스웨덴★아콰비트(Aquavit)

그리스 감색 바다, 문어와 우조 • 43
그리스★우조(Ouzo)

타파스는 셰리와 함께 • 49
스페인★셰리(Sherry)

정어리 1다스는 13마리 • 55
포르투갈★와인(Wine)

가슴 밑바닥에서 끓어오르는 노래 '파두'를 들으며 • 60
포르투갈★포르토 와인(Porto Wine)

피에타처럼 투명한 그라파에 곤드레만드레 • 69
이탈리아★그라파(Grappa)

가죽부대를 들고 한손으로 들이켜다 • 77
이탈리아★와인(Wine)

베니스는 비 • 84
이탈리아★드라이 마티니(Dry Martini)

민들레 와인 • 91
이탈리아★민들레 와인(Dandelion Wine)

혀와 몸이 기억하도록 마시고 또 마신다 • 99
이탈리아★와인(Wine)

제2장 아시아편
건배! 요우! 마부헤이!

고압전류가 흐르는 듯한 라압의 여운 • 109
타이★메콩위스키(Mekong Whiskey)

바나나 숲속 셴미 음식점 • 115
타이★라오 카오(Lao Khao)

무더운 밤, 안타까운 거리감 • 121
필리핀★산미구엘(San Miguel)

꿈틀거리는 하얀 벌레와 함께 야자주를 "꿀꺽!" • 130
인도네시아★뚜악(Tuak)

부화 직전의 오리알 '빗론'을 먹다 • 136
베트남★비아 허이(Bia Hoi)

코끝이 찡, 독쏘는 맛이 일품, 베트남 쌀 막걸리 • 141
베트남★르우껑(Ruou can)

술 익는 마을 오키나와, 아와모리의 풍요로움 • 147
일본★아와모리(泡盛)

염소찌개는 정말 맛있어! • 152
일본★워커(Walker)

장마철에는 소금뿐인 우루카 • 161
일본★니혼슈(日本酒)

나도 "막걸리"하고 외치고 있었다 • 165
한국★막걸리

생일날 꼭꼭 씹어먹은 산낙지회와 미역국 • 172
한국★소주

마귀를 쫓는 술, 마유주 • 179
몽골★마유주(馬乳酒)

노주 향기 가득한 소흥을 가다 • 185
중국★소흥주(紹興酒)

왕희지의 '난정'은 소흥에 있다 • 195
중국★소흥주(紹興酒)

제3장 아메리카, 오세아니아편

치어스! 비바비바! 살루으!

"파티에 오십시오" • 207
오스트레일리아★맥주(Beer)

3년 만의 재회, 5분 간의 침묵 • 215
뉴질랜드★와인(Wine)

간발의 틈을 주지 않고 마신다 • 225
미국★버번위스키(Bourbon Whiskey)

커다란 글라스, 세 개의 빨대 • 231
미국★마가리타(Margarita)

맥주에는 감자튀김이 최고 • 236
미국★맥주(Beer)

갓잡은 무지개송어로 푸짐한 안주를 • 241
캐나다★위스키(Whiskey)

마실수록 마음이 가라앉는 '카바의식' • 248
피지★카바(Kava)

에필로그 맛있는 술과 안주가 인격을 육성해 준다 • 252
추천의 글 세계 술맛에 취하다 – 우메다 미카 • 256
찾아보기 • 262

제1장 유럽편

스콜!
슬론차!
상테!

"How dry I am"

스카치를 마시며
송어 낚기

<u>스코틀랜드</u> ★ <u>스카치</u>(Scotch)

밖은 대낮처럼 밝지만 바(Bar)는 외부의 빛이 차단되어 어둡다.

남자들의 손과 팔꿈치에 닦여 검게 빛나는 카운터 뒤쪽에서 여느 때처럼 난로의 불꽃이 피어오르기 시작했다. 그러자 이 호텔 창업 당시부터 있었다는 낡은 시계소리가 할아버지의 하품처럼 길게 여운을 날리며 울어댄다. 다섯 번.

남자는 빈 글라스를 다시 바텐더 앞에 내려놓으면서 스카치 더블을 주문한다. 벌써 넉 잔째다.

바텐더가 글라스에 스카치를 따라 남자 앞에 놓자 글라스를 들어 입으로 가져가던 남자가 고개를 돌려 입구 쪽을 바라본다. 그 시선을 파고들 듯 또 한 명의 남자가 천천히 들어서고 있었다. 그 모습을 확인하고 남자는 바텐더 쪽으로 얼굴을 돌린 다음, 다시 글라스를 기울였다.

안으로 들어선 남자는 가볍게 눈인사를 하고 말없이 카운터에 기대어 스카치를 주문했다.

8월 중순인데도 히스(Heath: 황야에 자생하는 석남과의 상록관목)의 언덕을 천천히 미끄러져 내려오는 바람은 꽤 서늘했다.

나는 호텔이 한 곳밖에 없는 스코틀랜드의 벽촌에 있었다.

예전에 여기에는 우편마차 마부들이 숙박을 했었다는 의미의 문장(文章)이 새겨진 놋쇠로 만들어진 판이 석벽에 장식되어 있다. 이미 창업 150년은 지났다고 한다.

나는 우선, 촬영을 끝내고 돌아와 차가운 몸을 따뜻하게 하기 위해 스카치를 한 잔 걸치고 방으로 들어와 욕조에 몸을 담갔다. 그리고 다시 이 바로 돌아와 맥주를 마시기 시작한 것이다.

이 지역에서 생산되는 맥주일까? 영국에서도 몇 번 마신 적이 있지만 저그(Jug)에 따르면 호박색의 액체 안에 빵가루 같은 것이 떠다닌다. 이것이 꽤 순하면서도 감칠맛이 난다.

일단 맥주로 입가심을 한 뒤에 다른 곳보다 훨씬 독한 스카치를 마신다. 목구멍을 넘어갈 때에는 우유를 먹는 듯한 감각이지만 잠시 지나면 위장이 뜨겁게 달아오르기 시작하면서 피로가 사라진다.

이 바에 드나든 지 이틀째 되는 날, 아까 그 남자들과 친구가 되었다.

넉 잔이나 연거푸 스카치를 마시고 있는 남자는 경찰관. 5시쯤에 들어선 남자는 양치기이다.

"경찰이 이 시간에 스카치를 마셔도 괜찮습니까?"

내가 취기를 빌려 농담을 던지듯 물어보았다.

"취하지만 않으면 괜찮습니다."

그는 문제 없다는 표정으로 대답한다. 그러자 양치기가 한마디 거들었다.

"이 친구는 툭 하면 내가 음주운전을 했다고 잡아넣는 답니다. 이 바에서 나가면 30분 정도 지난 뒤에 뒤쫓아와서 음주운전이라고 난리를 피운다니까요."

경찰관은 여섯 잔째의 스카치를 바텐더에게 받아들면서 "당연하지. 그러니까 너무 취하지 말라고. 음주운전은 무조건 체포야." 하며 겁을 주는 척 으름장을 놓는다. 그 말에 양치기는 씨익, 미소를 지어 보인다.

두 사람의 취미는 송어 낚시라고 했다. 우리 일행은 두 사람과 함께 다음날 오후 10시에 송어 낚시를 가기로 했다. 그곳에서 먹을 샌드위치는 이 레스토랑에서 구입했다. 그리고 다음날, 우리는 이 지방의 햄과 양상추를 끼워넣고 잉글리시 머스터드를 입 안이 얼얼할 정도로 듬뿍 바른 샌드위치와 스카치 병을 손에 들고 히스 언덕 아래로 흐르는 강을 향해 나아갔다.

플라이가 들어 있는 박스와 낚싯대는 경찰관과 양치기가 우리 것까지 들고 걸어가고 있다. 오후 10시라고 하지만 아직도 밖은 밝다.

8월의 백야(白夜).

수면에는 수많은 날벌레들이 날아다니고 송어가 그 날벌레들을 좇아 수면을 가르고 튀어 오르고 있었다.

송어 낚시를 하면서 스코틀랜드 스카치를 한 잔 마시는 것도 꽤 괜찮은 추억이 될 것 같았다.

퍼브에 죽치다

영국 ★ 맥주(Bitter)

　사하라에서의 열흘 동안, 한 방울의 술도 마시지 않았다.

　술을 본격적으로 마시기 시작한 이후, 술을 마시지 않은 날이 열흘이나 계속된 것이 내가 생각해도 믿기지 않는 놀라운 일이었다.

　사하라로 출발하기 전에 몇 병의 위스키라도 가지고 갈까, 망설였지만, 문득 술을 한 번 끊어보겠다는 생각이 들었다. 아니다. 그건 심리적 동요 때문인지도 모른다. 사막을 지나야 한다는 어떤 경건함, 혹은 엄숙함 같은 게 마음을 잔뜩 긴장시킨 탓인지도 모른다. 지금 생각하면 사막에 대한 정신적인 흥분과 긴장 같은 것이라고나 할까.

하지만 열흘이다! 내가 그 정도로 오랜 기간 동안 술을 마시지 않겠다는 결심을 하다니! 마치 메카를 순례하는 신자 같은 기분이 들었다.

길고 깊은 밤.

여느 때라면 술에 젖어 몽롱한 상태에서 밤을 보냈겠지만 지금의 내

머리는 지나칠 정도로 맑기만 하다. 한기가 강한 사막에서 차를 마시고 모닥불에 손을 녹이며 등을 짓누르는 듯한 머리 위 어두운 밤하늘의 수많은 별들을 바라보며 한숨만 내쉬었다.

낙타의 등에 올라타 비틀거리며 사막을 방황한 뒤에 런던으로 돌아왔다.

런던에 도착한 순간, 주저하지 않고 퍼브(Pub)로 뛰어 들어갔다.

그리고 그다지 시원하지도 않은 비터(Bitter : 호프의 맛이 강한 맥주의 일종) 1파인트(Pint. 1/8갤론)짜리 컵을 움켜쥐고 단숨에 들이켰다. 그리고 한 잔 더. 그것도 카운터에 기댄 채 단숨에 들이켰다.

옆에 있던 남자가 놀란 표정으로 바라본다.

영국인은 1파인트의 맥주를 그야말로 다도(茶道)를 즐기듯 여유 있게 천천히 마신다. 그래서 한 잔을 마시는 데 30분 정도가 걸린다. 그런데 오랜만에 만난 술을 앞에 두고 도저히 참을 수 없었던 나는 단숨에 두 잔이나 비워버리고 추가로 또 한 잔을 주문한 것이다. 근처에 있는 여자들도 눈에 들어오지 않았다.

런던의 퍼브는 어슴푸레하게 어둡고 빅토리아풍으로 이루어져 백 년이 지난 곳이 꽤 많다. 처음 뛰어들었던 퍼브도 고풍스럽고 멋스러운 곳이었다. 그런 사실을 깨달은 것은 대여섯 잔 정도 비터를 비운 후였다.

다음날부터 비틀거리며 거리를 지나다가 고풍스런 퍼브가 눈에 띄면 대낮이라도 상관없이 문을 열고 들어갔다.

재미있게도, 고풍스런 퍼브에는 어디나 문이 두 개씩 있었다. 따라서 문이 두 개 있는 퍼브는 꽤 전통이 있는 곳이라는 의미이기도 했다.

여기에는 이유가 있다.

과거에, 영국은 상류사회에 속하는 사람과 노동자 계급이 엄격하게 구별되었다. 그 때문에 자신이 속하는 계급에 맞추어 두 개의 문 중에서 어느 한쪽을 선택하여 들어가게 된다. 즉, 손님들은 계급에 따라 각각 다른 문으로 들어가 각자의 방에서 맥주 등을 마셨던 것이다. 그러나 지금은 그 존재이유가 사라졌기 때문에 불편한 쪽의 문 하나를 사용하지 않는 퍼브도 많이 있다. 이것은 주인의 재량에 달린 문제다.

퍼브의 선반에는 맥주나 위스키 등의 술 종류만 진열되어 있는 것이 아니다. 가벼운 샌드위치를 비롯해서 튀긴 피시 앤드 칩스, 외국인들에게 평판이 그다지 좋지 않은 소변 냄새가 나는 키드니 파이(Kidney Pie), 육류요리의 백미인 로스트비프, 훈제장어 등 다양한 음식들이 진열되어 있다. 퍼브에서는 영국의 전형적인 음식을 맛볼 수 있다.

나는 맥주를 한 손에 들고 가벼운 점심식사를 즐겼다.

식사를 마치고 런던의 뒷골목을 거닌 지 한 시간 정도, 다시 퍼브에 발길을 들여놓았다. 그리고 또 1파인트의 맥주를 몸 안으로 흘려 넣는다.

거리의 분위기나 그곳에서 일하는 사람들의 직업의 종류에 따라 퍼브의 풍경도 차이가 있다. 동물이나 물고기가 그 종류에 따라 숲, 사바나, 얕은 바다, 깊은 바다에서 생활하는 것처럼.

일찍이, 금융관계 사무실이 많은 도시에 위치한 퍼브는 높은 모자를 쓰고 지팡이를 손에 든 사람들로 만원을 이루었을 테지만 역시 그런 전형적인 젠틀맨은 거의 보이지 않는다. 하지만 감색 양복에 넥타이 차림으로 우아한 어휘를 구사하며 대화를 하는 사람들이 모이는 퍼브는 지금도 많이 볼 수 있다. 단, 나처럼 독특한 사람이 존재하는 것만으로 기분 나쁜 태도를 보이는 그들과 술잔을 기울이는 것은 즐거운 경험이 아니다.

한편, 페인트나 기름얼룩이 진 작업복을 입은 손님이 찾아오는 퍼브도 있다. 또는 손님이 대부분 대학생과 교수로 이루어진 퍼브도 있고, 장사꾼만 드나드는 퍼브도 있다. 그러나 어떤 퍼브이건 과거에는 남자들만의 세계였는데 지금은 손님의 3분의 1이 젊은 여자들로 구성된 퍼브도 흔히 볼 수 있다.

영국도 변한 것이다.

런던에 닷새 정도 체류하는 동안, 사막처럼 메말라 있던 몸 구석구석에 맥주가 서서히 퍼져 나가는 느낌이 들었다. 닷새 동안 얼마나 많은 맥주를 마셨을까. 그 덕분에 결국, 사막으로 출발하기 전의 술에 젖은 몸으로 되돌아올 수 있었다.

쓸쓸한 우윳빛깔, 리카르

프랑스 ★ 리카르(Ricard)

지하철에서 내려 계단을 올라 거리로 나왔다.

카페의 나라 프랑스답게 거리 바로 오른쪽에는 의자와 테이블이 보도가 좁다는 듯 잡다하게 흩어져 있었다. 파리에는 거리에 테이블이나 의자를 내놓는 카페 바가 많다. 손님은 바깥의 테이블에서 커피나 술을 마신다. 재미있게도 바텐더 앞에서 술을 마시다 테이블로 옮기면 술값이 올라간다. 테라스로 나가면 더 올라간다.

K와 N, 그리고 나는 그 앞을 지나치려 했다.

테이블에 한가하게 앉아 있는 손님들이 지나가는 우리를 무심한 시선

으로 바라보고 있다. 그러자 N은 이곳을 그냥 지나가기에는 왠지 아쉬운 느낌이 들지 않느냐고 묻는다.

묘한 질문이다. 왜 그런 느낌이 드는지 이해하기 어렵다. 나는 한시라도 빨리 이 장소를 벗어나고 싶은데. 아마 손님들은 우리에게 신경도 쓰지 않을 것이다. 하지만 이쪽을 바라보고 있으니까 왠지 모르게 사람들의 시선에 노출된 듯한 묘한 기분이 들어 좀 어색하기는 했다.

그런데 N의 말에 자극을 받았는지 K가 갑자기 뮤지컬의 피날레를 하듯 두 팔을 한껏 벌렸다. N도 탭댄스를 추듯 몸을 놀린다.

이제는 함께 있는 내가 당황하지 않을 수 없었다. N은 인기배우이고 K도 일본으로 돌아온 지 10년 정도 뒤에 배우로 유명해진 사람이다. 배우로 일하는 사람들은 일반인과 사고가 많이 다른 듯하다. 소질이라고 해야 할까, 아니면 기질인가. 어쨌든 이 일을 통해서도 배우는 역시 배우라는 사실을 깨달을 수 있었다.

우리는 그대로 두세 개의 바를 지나쳐 네 번째의 바로 들어갔다.

K는 프랑스에 체류한 지 2년 정도 지났기 때문에 이곳 상황을 잘 알고 있는 듯 자신 있게 리카르를 주문했다. 나도 이런 바에 특별히 거북함이 있는 것은 아니지만 리카르라는 술은 마셔본 적이 없었다. 그래서 N과 나도 K를 따라 리카르를 주문했다. 리카르는 서민들이 즐겨 마시는 술, 가장 값이 싸고 독한 술이다. 그것은, 고급승용차를 타는 것이 아니라 시트로엔을 선택하는 것과 비슷한 기분이다. 그 후에도 자주 리카르를 마실 기회가 있었지만 왠지 모르게 쓸쓸함이 느껴지는 술이다. 술을 마시면서 그런 기분이 들게 만들다니, 신기했다.

평범한 싸구려 글라스에 5분의 1정도 투명한 액체를 따른다. 거기에 얼음 두세 개를 넣으니까 투명했던 액체는 얼음이 닿는 부분이 우유처럼 탁해졌다.

리카르를 주문하면 입이 묘하게 한쪽으로 기울어진 듯한 병에 물이 담겨져서 함께 나온다. 카운터 앞에 놓인 그 병은 넓은 측면이 붉은색으로 칠해져 있고 그 위의 짙은 감색 레벨 안에 노란색 문자로 RICARD 라는 글이 씌어 있었다. 그 안에 들어 있는 물을 글라스의 80% 정도까지 따르자 밀크를 녹인 듯한 색깔로 변했다.

"샹테!"

큰소리로 구호를 외치고 글라스에 입을 대자 상쾌한 느낌이 기분 좋게 전해져 왔다.

"이 상쾌한 느낌이 매력입니다."

K가 말한다. 항상 이 술을 즐겨 마시기 때문에 맛은 상쾌해도 쉽게 취한다는 단점이 있지만 그래도 맛에 이끌려 들이켜다 보면 만취를 하는 경우가 더러 있다고 한다.

"아무리 물로 희석을 시켜도 원래 45도나 되는 술이니까요."

K가 부연설명을 해주었다.

향은 페르노(Pernod)*와 비슷하다. 리콜리스(Licorice)라는 허브가 들어 있는 전선 같은 검은 과자(과자의 이름도 '리콜리스')를 먹어본 적이 있는

---

* **페르노** Pernod 알콜 도수 약 34%, 아니스(Anise)라는 약초로 만든 리큐르다. 페르노와 물 1:5 비율로 섞어 마신다.

데 그 리콜리스와 아니스(Anise) 등이 들어 있었다.

프랑스에서는 보통 물과 섞어 마시는 술을 파스티스라 부른다. 파스티스가 물을 만나면 우윳빛을 띠는 이유는 술에 포함되었던 고농도의 오일인 알코올에 녹아 있다가 흰 앙금을 형성하기 때문이다. 피로회복・원기회복 등에 효과가 있다고 한다.

N도 마셨다. 석 잔씩이나 마셨을까. 우리는 모두 꽤 취한 상태가 되었다. K와는 술을 마시러 자주 다녔다. 그보다 카페에서 자주 만났는데 언제부터인가 커피를 마시지 않고 술을 주문하게 되었다고 표현해야 맞을 것이다.

파리 축제에서는 공원에 모인 파리 시민들과 값싼 와인을 병째 나발을 불었다. 그런데 완전히 비우기 위해 병을 한껏 기울였더니 입 안에 찌꺼기 같은 것이 느껴졌다. 값싼 와인이기 때문에 바닥에 침전물이 고여 있었던 것이다. 와인 병의 바닥이 凸모양으로 부풀어 올라 있는 이유는 병 속에서 숙성이 되는 단계에서 와인에 포함되어 있는 미세한 침전물을 가라앉히기 위해서이지만 젊은 시절의 나는 그런 사실을 몰랐기 때문에 단숨에 마신 것이다. 찌꺼기가 입 안으로 들어왔을 때에는 말로 표현하기 어려울 정도로 기분이 나빴다.

그래서 나도 모르게 구토를 해버렸다. 게다가 운 나쁘게도 지나가던 파리 여성의 스커트를 더럽혀 버렸다. 정말 미안하고 불쾌한 기억이다.

또, 보졸레 누보(Beaujolais Nouveau) 해금일(매년 11월의 세 번째 목요일)에 학생들이 자주 이용하는 식당가에서 이름도 알 수 없는 와인을 마시고 만취했던 적도 있다. 그로부터 약 30년이 지나, 일본에서 보졸레 누보를 마시기 위해 앞다투어 구입하는 모습을 보고 적잖이 놀랐다. 역시 보졸레 누보가 황금의 골짜기로 불리는 부르고뉴 와인의 대표적인 술이기 때문일까.

오늘 저녁 키스는 사양

스웨덴 ★ 아쿠아비트(Aquavit)

　스웨덴의 한 항구에서 배에 오르자 몇 노트의 속도로 달리는지 모르지만 피부에 한기가 느껴질 정도로 바람이 차갑게 다가왔다.

　바람이 닿지 않는 장소에 마련되어 있는 갑판 의자(Deck Chair)에 걸터앉았다. 바닷바람을 맞으며 자란 나무로 만든 튼튼한 의자다. 참나무로 만든 것 같다. 나뭇결도 아름답다. 놋쇠로 만들어진 물림쇠는 세련된 맛은 없지만 깨끗하게 닦여 있다.

　몸을 뻗자 천천히 상승과 하강을 되풀이하면서 배가 전진하는 움직임이 느껴진다. 그러나 이 정도의 파도에서는 요트만큼의 롤링(흔들림)은

없다.

 비스듬히 기울어진 커다란 굴뚝에서 연기가 춤을 추며 피어오른다. 그 연기를 무엇으로 착각했는지 갈매기들이 줄지어 따라온다. 그런 한적한 광경을 바라보고 있으려니 잠이 밀려와 잠시 눈을 붙였다. 그리고 추위 때문에 깨어났다.

 아래로 내려와 바의 카운터 스툴에 걸터앉아 덴마크의 맥주 터보그(Tuborg)를 마셨다.

 몇 캔이나 마셨을까. 활짝 열려 있는 문 너머의, 면세가 되는 위스키 등의 술을 취급하는 간이매점 앞에 많은 사람들이 줄 지어 서 있는 모습이 눈에 들어왔다.

 서둘러야 한다. 지금 한가하게 맥주나 마시고 있을 때가 아니다. 스웨덴에서는 세금 때문에 술 값이 엄청나게 비싸다. 나도 서둘러 그 행렬에 가담, 워커와 위스키를 면세 가격으로 최대한 구입했다.

항구에 도착하자 하선하는 대부분의 사람들이 면세용 봉투를 들고 있었다. 그 속에서 도쿄에서 알게 된 크누트가 기다리고 있었다. 아직 학생인 그는 여름방학을 이용하여 고향으로 돌아와 있었다.

내가 손에 들고 있는 봉투를 보더니 즉시 받아들면서 시니컬한 목소리로 한마디 던졌다.

"이곳에서는 술이 비싸도 너무 비쌉니다."

그날 저녁에 즉시 그의 친구들을 불러 내가 구입한 위스키와 워커로 파티를 열었다. 하지만 차를 몰고 온 사람들은 술을 한 방울도 입에 대지 않았다.

약 40년 전의 이야기지만, 스웨덴에서는 음주운전을 하다 적발되면, 설사 사고를 일으키지 않았다고 해도 즉시 면허가 취소되고 평생 면허를 취득할 수 없게 된다. 그만큼 단속이 엄격했기 때문에 그런 위험을 무릅쓰면서까지 음주운전을 하려는 사람은 거의 없었다.

그래서 운전을 하지 않는 걸프렌드들만 술에 취해 맑은 정신인 남자 친구를 놀리거나 어깨에 기대어 키스를 요구하곤 했다.

스웨덴 여성은 술에 꽤 강해 보였다. 물론 어느 나라이건 사람에 따라 다르겠지만….

어쨌든 내가 가져온 위스키와 워커는 거의 바닥이 났다. 그러자 크누트가 스웨덴의 술이라면서 투명한 액체가 들어 있는 병을 가져 왔다.

"이 술, 무엇으로 만들었는지 아십니까?"

크누트가 묻는다. 데킬라처럼 투명하지만 스웨덴에서는 선인장이 자라지 않는다. 그렇다면 무엇일까. 워커처럼 보이기도 한다.

"모르겠는데."

내가 고개를 젓자 크누트는 "감자입니다."라고 대답했다. 술 이름은 '아콰비트(Aquavit)' 즉 '생명수' 라는 의미라는 것도 가르쳐 주었다.

아콰비트는 스웨덴의 민속주로 색깔이 없고 투명한 빛을 띠고 있다. 보통 매우 차게 해 스트레이트로 마신다. 약 40%의 알코올 함량에 허브 향이 배인 매우 상쾌하고 독한 술이다.

이것 역시 싼 가격은 아니다. 모든 물건에 비싼 세금이 적용되기 때문에 살 수가 없다고 그들은 탄식을 한다. 그 시절에도 스웨덴의 소비세는 15%를 넘었다. 아니, 더 비쌌는지도 모른다.

스웨덴에서는 이혼을 하면 월급의 절반을 세금으로 강제징수를 당한다. 사실이라면 정말 무지막지한 징수다. 그래서 이곳에 모인 사람들 절반이 동거는 하고 있어도 결혼은 하지 않은 커플이라고 한다.

아콰비트는 시원하게 냉장이 잘 되어 있었다. 그것을 좁고 긴 글라스에 따라 가슴 중간 정도의 위치에 글라스를 들고 상대방의 눈을 바라보

면서 "스콜!"이라고 외치며 건배를 한다. 단숨에 술을 비우는 것이 본격적인 매너다. 도수는 꽤 높은 편. 이런 술을 단숨에 비우면 당연히 취할 수밖에 없다. 하지만 여기 모인 사람들은 모두 애주가들이다. 남자이건 여자이건 아무렇지 않게 술잔을 비운다.

크누트가 아콰비트에 어울리는 안주를 먹겠느냐고 묻는다.

오늘 테이블에는 청어병통조림, 훈제청어, 감자와 오이 샐러드, 훈제 연어, 치즈, 햄, 호밀 빵 등이 차려져 있다. 그런데 아콰비트에 어울리는 안주가 따로 있다니, 어떤 것일까?

크누트는 미소를 지어 보이며 일단 밖으로 나가자고 한다. 밖에서 바비큐라도 준비한 것일까.

백야 때문에 밤 10시가 지났는데도 밖은 대낮처럼 밝다. 매우 추운 날씨였지만 취한 몸에는 차가운 바람이 오히려 시원하게 느껴진다.

크누트의 손에 큼직한 통조림과 통조림따개가 들려 있다.

주위에 모인 사람들은 기성을 지르거나 키득거리며 웃고 있다. 재미있는 장난을 치기 전에 잔뜩 흥분해 있는 듯한 분위기다.

 피식! 하는 소리와 함께 통조림따개의 날카로운 끝부분이 통조림 뚜껑을 뚫고 들어갔다. 뚜껑이 조금씩 벌어지면서 테두리에서 거품이 뿜어져 나온다. 생선이 썩어서 발효한 듯한 묘한 냄새가 풍긴다.

내용물은 청어의 머리, 몸통, 내장, 알 등을 썩힌 것이었다. 갑자기 현기증이 일었다. 여자들이 구토를 하는 시늉을 하며 코를 틀어막는다.

여자 한 명이 한 입 먹어보라면서 내게 포크를 건네주었다.

젓갈을 더 삭힌 듯한 강렬한 맛. 게다가 엄청나게 짜고 맵다. 세균이 번식하지 않은 것이 신기할 정도다. 아니, 강한 소금 때문에 세균이 번식할 수 없을 것이다. 내가 두 입을 먹었더니 모두 깜짝 놀라면서 잘 먹는다고 감탄을 한다.

나뿐만 아니라 이것을 좋아한다면서 적극적으로 포크를 들고 집어먹는 남자도 있었다. 하지만 대부분은 싫다고 진저리를 치며 손을 내젓는다.

나는 아콰비트를 한 모금 들이켜 입 안의 냄새를 제거했다.

이 통조림이 그 유명한 수르스트뢰밍(Surstrmming)이라고 한다.

수르스트뢰밍을 꽤 많이 먹은 남자가 걸프렌드에게 키스를 하려고 입을 갖다 댔다가 따귀를 맞았다. 그래도 남자는 포기하지 않고 끈질기게 그녀를 끌어안고 강제로 키스를 했다. 걸프렌드는 정신없이 비명을 지른다. 사람들은 그 모습을 보고 더 하라고 부추기며 장난을 친다.

이 음식은 차라리 자기가 직접 먹는 게 훨씬 나을 것이라는 생각이 들었다. 다른 사람의 입을 통해서 냄새를 맡게 된다면 도저히 참을 수 없을 것 같았다. 크누트가 밖으로 나오자고 한 것도 무리가 아니었다.

이 상태라면 오늘 저녁 키스는 정말 불가능할 것 같다.

지중해 감색 바다,
문어와 우조

그리스 ★ 우조(Ouzo)

그리스의 산은 별로 정취가 없다. 메마른 땅이 그대로 드러나서 온통 갈색으로 보이기 때문이다. 그리스에서는 산불이 며칠 동안 이어지는 일이 자주 발생하는데 그만큼 메말라 있다는 증거다.

하지만 그와는 대조적으로 육지를 감싸듯 가까이 다가와 있는 바다는 푸른색으로 청량감을 느끼게 해준다. 그런 바다 한가운데에 작은 섬 미코노스(Mykonos)가 있다.

아테네에서 배를 이용하여 미코노스로 향했다.

배 위에서, 급경사면을 기어 올라가는 듯 위쪽을 향하여 층층으로 이

어져 있는 각설탕 같은 하얀 집들이 바라보인다.

세계사 책을 펼치면 첫 부분에 등장하는 로맨틱한 분위기를 풍기는 섬. 현재는 섬을 둘러싼 해안에서 토플리스 차림의 여자들이 태양빛에 나체를 드러내고 있는 관광지다. 모든 것이 아름답고 기분 좋은 풍경이다.

하얀 집들의 얼룩이 진 부분에 회반죽이 자연스럽게 발라져 있다. 그곳에서 촬영을 하려고 광량(光量)을 측정했더니 바늘이 더 이상 움직이지 않는다. 모든 사물에 그림자가 없기 때문이다.

항구로 향하자 그곳에는 멀리서 찾아온 요트가 몇 척이나 정박해 있었다. 물결을 따라 서서히 춤을 추는 요트의 돛 끝에는 스웨덴, 네덜란드, 프랑스 등의 작은 국기들이 보인다.

그런 해안을 걷고 있으려니 파도가 치는 바닷가에서 무엇인가를 바위에 지속적으로 내리치는 남자가 있었다.

무슨 일인지 궁금해서 다가가 보니 남자가 내리치는 것은 꽤 커다란 문어였다. 이미 죽었지만 아직 경직되지 않은 상태였다.

남자는 내가 다가가도 계속 같은 동작을 되풀이했다. 그리고 문어를 소금으로 비벼대더니 다시 내리치기 시작했다.

왜 그런 행동을 하는지 물어보았다.

문어의 육질을 부드럽게 만들기 위해서라고 한다. 이렇게 내리치지 않고 그대로 굽거나 데치면 육질이 단단해서 맛이 없다는 것이다. 그래서 백여 차례를 거듭 내리치고 있다고 한다. 이렇게 하면 문어의 근육이 파괴되어 부드러워진다는 사실을 어떻게 알았는지 감탄하지 않을 수 없었다.

나는 문어를 내리치는 남자의 모습을 보고도 잔혹하다는 생각은 들지 않았다. 오히려 재미있었다. 그 이후에는 서너 시간 정도 그늘에 말려 불필요한 수분을 제거하는데 이것 역시 말리면 타우린이 증가하여 맛이 더 좋아지기 때문이라고 한다. 과학적인 근거는 모르지만 예로부터의 경험을 통하여 자연스럽게 터득한 어민들의 경험적 지식이다. 다시 한 번 감탄하지 않을 수 없었다.

저녁 9시가 되었는데도 하얀 집들의 지붕 위에 펼쳐져 있는 거대한 하늘은 푸른 기가 더욱 짙어져 전혀 어둡지가 않았다. 밝은 별만이 몇 개 얼굴을 보이고 하얀 달이 희미하게 허공에 떠 있을 뿐이다.

저녁시간이다.

좁은 골목에는 육류, 어류 등을 조리하는 냄새가 흘러나왔다. 그 안에 위치한 타베르나(Taverna)로 들어갔다.

타베르나는 그리스의 대중적인 식당을 가리키는 말이다. 바다 근처의 타베르나에서도 문어를 말리고 있었다.

그 문어를 주문했다. 조각을 내어 밖에 마련해 놓은 숯불 위의 그물에 굽는다. 그리고 접시에 담아 파슬리, 올리브오일, 레몬즙을 얹어서 내온다. 그것을 안주 삼아, 물을 부으면 뿌연 우윳빛으로 변하는 우조* 라는 그리스 전통술을 마셨다. 우조는 꽤 독했다. 약간 목을 축였을 뿐인데도 몸이 저리는 듯한 느낌이 올 정도다.

초리아티키라는 샐러드도 주문했다.

*우조 Ouzo 그리스의 전통술. 소주처럼 투명하나 물과 섞이면 우윳빛으로 바뀐다. 알코올 도수가 40°이상이라 물에 타 마신다. 포도를 재료로 해 빚었지만 포도주보다 훨씬 독하다. 아니스(Anis)와 회향 씨앗이 들어가 향이 짙다. 그리스 레스토랑에서 전통 음식인 그리스 샐러드와 꼬치구이의 일종인 수블라키를 주문하면 우조 한 잔을 서비스로 대접한다. 이때 맛을 안 보고 떠나면 실례가 된다.

초리아티키는 샐러드의 기본 같은 매우 간단한 것이다. 오이, 토마토, 양상추, 올리브, 그리고 양젖 치즈가 들어 있을 뿐으로 여기에 마늘과 올리브오일을 끼얹어 먹는다. 그리스에서 유명한 타라모샐러드도 먹어 보고 싶었다. 이것은 대구알과 감자를 이용한 샐러드라고 하지만 샐러

47

드라고 부르기에는 어울리지 않는 음식이다. 마치 디프* 와 비슷하다. 이것을 빵이나 야채에 얹어 먹는다.

밤이 찾아왔다. 밤이 되자 바람이 불어왔다. 작은 강아지가 물을 핥는 듯, 가련한 소리를 내며 작은 파도가 밀려오는 해안 근처의 타베르나에 앉아 있으려니 뜻밖으로 한기가 느껴졌다.

셔츠 소매를 내리고 가슴의 단추를 모두 잠갔다.

어느 가게에서인지 중근동 풍의 음악이 들려온다.

애수를 띤 멜로디와 기타보다 약간 고음의 현악기 소리도 섞인, 몇 개의 현악기가 만들어 내는 음색이 귓속을 파고든다. 그중 하나는, 만돌린과 비슷하지만 만돌린의 두 배 정도는 되는 현악기다. 끌어안기 힘들 정도로 커다란 현악기. 희미하게 들려오는 저음의 현 소리는 그 악기가 만들어 내는 음색일 것이다.

사람이 그리워지는 슬픈 음색.

유럽에서도, 동양에서도, 정말 멀리 떨어져 있다는 현실을 충분히 맛보게 하는 쓸쓸한 음색이다.

접시 위에 남아 있던 문어 다리의, 약간 탄 부분을 깨물어 씹으며 우조를 들이켜고 색깔이 더욱 짙어진 푸른 하늘을 목이 아플 정도로 한껏 올려다보았다.

넓은 하늘에, 취한 눈에 환각처럼 비치는 별들이 잇달아 얼굴을 내밀고 있었다.

---

* 디프Deep 향을 내는 조미료에 사우어 크림이나 소프트 치즈를 크림처럼 혼합한 소스.

타파스는 셰리와 함께

스페인 ★ 셰리(Sherry)

스페인에서 무엇보다 흥미를 끄는 것은 저녁부터 문을 여는 바르(Bar: 스탠드 형식의 식당과 바가 하나로 합쳐져 있는 가게)라는 음식점이다. 이곳에서는 셰리*를 마시면서 술안주 같은 가벼운 식사를 즐길 수 있다. 바르에서 제공되는 식사는 타파스(작은 접시에 담겨져 나오는 요리)라고 부른다.

타파(Tapa)는 '뚜껑을 덮는다' 는 의미로 글라스에 파리가 앉는 것을

---

* **셰리** Sherry 안달루시아 지방의 도시 헤레스에서 자란 백포도로 만든 주정 강화 와인. 스페인어로는 비노 데 헤레스(Vino de Jerez)라고 하며 '셰리' 는 '헤레스' 의 영어식 발음이다. 투명한 갈색을 띤 주황색을 의미하기도 하는데 주로 식전에 마신다.

막기 위해 빵을 얹어두었던 것이 그 시초다.

 과거에는 마드리드에서도 사람들 대부분이 농업에 종사했다. 살충제도 없고 하수 처리 시설도 완비되어 있지 않았던 시절이다. 따라서 가축들에게 들끓는 파리의 수는 엄청나게 많았다. 그런 파리들이 셰리가 들어 있는 글라스에 달라붙거나 셰리 자체에 뛰어드는 경우도 있었다. 위생적으로 당연히 문제가 될 수밖에 없다. 그래서 글라스 위에 빵을 얹어 덮어두었다고 한다.

 마드리드의 푸에르타 델 솔(Puerta Del Sol : 태양의 문 광장) 근처의 뒷골목에 비슷한 형식의 바르가 밀집해 있는 구역이 있다.

 이상한 것은 이 바르의 바닥에 쓰레기가 지저분하게 흩어져 있고 구겨진 하얀 휴지들이 널려 있다는 점이다. 그리고 그렇게 지저분할수록 손님이 많아서 맛이 좋은 음식점이라는 의미라고 한다.

 타파스를 먹을 때에는 일부러 나이프나 포크를 사용하지 않는다. 손으로 집어 먹거나 이쑤시개 같은 것으로 찔러 먹기 때문에 지저분한 손이나 입을 닦은 휴지를 바닥에 그냥 버린다. 그것이 쌓이는 것이다. 따라서 바닥에 휴지가 많을수록 그 바르에는 손님이 많다는 의미이고 타

파스 또한 맛이 있다는 뜻이 된다.

거리에는 스페인 요리의 주재료인 마늘과 올리브의 냄새가 가득 차고 그곳을 오가는 사람들은 마치 이틀 동안 아무것도 먹지 않은 플루토(Pluto : 그리스 신화에 등장하는 저승의 왕)처럼 들뜬 걸음걸이로 돌아다니며 코를 앞세우고 어느 바르가 맛이 있는지 민감하게 냄새를 맡는다.

음식점 입구 선반 위에는 커다란 접시에 담긴 어패류와 올리브오일에 절인 양송이버섯, 소금에 절인 대구, 하얀 마늘을 뿌린 붉은 피망, 메추리 스튜, 작은 냄비에 삶은 장어도 보인다.

음식점(바르) 입구 선반 위에는 적어도 20여 종류에서 많은 곳은 50여 종류 정도의 타파스가 진열되어 있다. 음식점의 구조는 비슷하지만 각 음식점마다 약간씩 맛은 다르다.

저녁 11시에서 12시로 시간이 경과함에 따라 바르는 사람들로 더욱 북적거린다. 때로는 유명한 마타도르(Matador : 투우사)가 친구들을 끌고 나타나기도 한다. 할리우드 배우 못지않은 인기를 얻고 있는 마타도르의 화려함과 멋스러움! 마타도르는 컴퍼스의 지지대처럼 늘 사람들의 중심에서 주인공이 된다.

그런 바르를 여기저기 들락거리면서 셰리를 마셨다. 바르엔 작은 접시에 담긴 타파스만 있는 것이 아니다. 이웃 레스토랑으로 가면 세계에서 가장 화려한 파엘랴(Paella : 쌀, 고기, 어패류 및 야채에 향미를 낸 스페인식 찐 밥)가 있다. 사프란 색깔과 황금색으로 빛나는 식사다. 이것도 한 번은 먹어보고 싶은 요리이다.

또 한 가지 먹어보고 싶은 요리가 있다. 오징어 먹물과 함께 볶은 검은색의 요리. 색깔이 검기 때문에 식욕이 일지는 않지만 일단 입에 넣어

보면 즉시 달려들게 되는 요리다.

역시 풍부한 요리를 자랑하는 스페인이다.

목동에게 이끌려 초원을 떠돌던 양의 갈비뼈를 로스트로 만든 것. 바다를 지배하면서 물고기를 알게 된 자손들이 조리한 어패류 요리. 그들이 남미에서 도입한 토마토를 이용한 요리. 생산량이 세계 최고를 자랑하는 올리브오일을 사용한 야채요리. 그리고 다양한 방법으로 올리브를 절인 요리. 세계에서 가장 맛이 좋다는 돼지를 이용하여 만든 하몽 세라노(Jamon Serrano). 고추와 마늘을 듬뿍 사용한 초리죠(Chorizo)라고 불리는 소시지, 시장에 산더미처럼 쌓여 있는 치즈.

거대한 스페인의 계절 변화처럼 다양한 연구와 풍토에 맞는 각양각색의 요리들. 그 풍요로운 스페인의 요리를 한 번에 다양하게, 그리고 간단히 맛볼 수 있는 것이 바르의 타파스다. 그리고 그 타파스를 맛보면서 바르의 거리를 거니는 방황은 결국 스페인의 방황이 아닐까.

정어리 1다스는 13마리

포르투갈 ★ **와인**(Wine)

　포르투갈에서의 마지막 날, 나자레로 갔다. 나자레는 성지이면서 피서지이기도 하다. 해변을 걷고 있으려니 거대한 대서양의 파도가 해안선으로 밀려온다.

　바닷물은 꽤 차갑지만 맑고 푸른 바다 위에서 부서지는 하얀 파도는 눈이 부실 정도다. 그 강렬한 햇살 아래 모래사장에서 어부의 아내들이 검은 천을 머리에 쓰고 검은 옷을 두른 모습으로 땀을 흘리며 일을 하고 있다.

　모래사장으로 내려서자 눈을 의심할 정도로 놀라운 광경이 펼쳐져 있

었다. 물고기의 배를 갈라 태양에 드러내어 말리고 있는 것이 아닌가. 그물 위에서 마르고 있는 물고기는 전갱이였다.

"이걸 어떻게 먹습니까?"

내 질문에, 아주머니는 샐러드를 해서 먹는다고 대답했다. 어떤 방식으로 요리하는지 물어보았지만 자세히 설명해 주지는 않았다.

나는 그 앞에 서서 주위의 풍경을 둘러보았다. 아름다운 해안선 너머로 하얀 텐트를 친 해수욕장이 보인다. 정말 여유로워 보이는 깨끗한 풍경이다. 마치 루소의 그림에라도 나올 듯한 동요 같은 풍경.

조금 전까지 물고기를 말리고 있던 여자들이 상체를 잔뜩 앞으로 숙인 모습으로 어깨에 밧줄을 걸어 끌고 있다. 그들은 모래 위에 엎어지기도 하고 드러눕기도 하며 숨을 헐떡인다. 꽤 힘든 노동으로 보인다. 나도 그곳까지 가서 밧줄을 끌어보았지만 정말 힘이 드는 작업이다.

밧줄 한쪽 끝에 매달려 있는 그물에 담긴 물고기는 기껏해야 두 명의

여자가 짊어질 수 있을 정도로 작다. 검은 그물의 코마다 물고기의 머리와 꼬리가 끼어 있다. 아직 살아서 파닥거리는 녀석도 보인다. 대부분 정어리다.

양이 많다면 시장에 내다 팔겠지만 양이 적을 경우에는 이 해안가에서 숯불에 구워 판매하는 음식점으로 가져 간다고 한다.

점심식사로 그 정어리구이를 먹으러 갔다. 이 여행에서는 거의 매일, 육류요리를 먹었다. 가끔씩 먹는 어패류 요리도 생크림이나 버터를 사용한 것이기 때문에 쉽게 질린다. 하지만 그 음식점에서는 소금만 뿌려서 정어리를 굽고 있었다. 구운 정어리를 보는 것만으로도 식욕이 강하게 느껴진다.

생선에는 화이트와인을 마시는 것이 일반적이지만 손님들은 정어리 숯불구이를 먹으면서 레드와인을 마시고 있다. 포르투갈의 짙은 레드와인이다. 이 레드와인이 구운 정어리와 잘 맞는 듯했다.

한 접시에 정어리구이 여섯 마리가 담긴다. 나는 레드와인을 마시면서 안주 삼아 정어리구이를 먹었다. 여섯 마리로는 부족했다. 한 접시

 더 주문. 나중에 머리와 뼈만 남은 정어리의 수를 세어보니 13마리나 된다. 한 마리는 덤이다.

 너무 맛있게 먹는 모습을 보고 주인아주머니가 서비스를 해준 것이다. 아무리 정어리라고 하지만 한 번에 13마리를 먹는다는 것은 정말 엄청난 양이다. 그리고 레드와인 한 병에 빵도 먹었다.

 배가 부르니까 만사가 귀찮아진다. 나는 멍한 시선으로 적색, 청색, 황색, 녹색, 백색 등의 극채색으로 장식을 한 보트 같은 어선이 먼 해안선 너머의 파도 사이에서 오르내리는 모습을 바라보았다.

가슴 밑바닥에서 끓어오르는 노래 '파두'를 들으며

포르투갈 ★ 포르토 와인(Porto Wine)

　리스본은 언덕이 많은 도시다. 낮에 보아도 석벽은 어딘가 그슬린 것처럼 회색을 띠고 있을 뿐 대체적으로 밝은 느낌이 부족하다. 하물며 밤이 되면 석벽 사이의 창문으로 희미하게 새어나오는 빛이 전부이기 때문에 낮에 보였던 문의 조각도 사라져버려 어둠이 지배하는 세계로 변한다.

　택시는 몇 개의 언덕을 오르내리더니 전구들이 밝혀져 있는 한 채의 건물 앞에 멈추었다.

　"여기입니다."

택시기사는 호텔에서 들은 음식점의 주소가 이곳이라고 한다. 그리고 다시 한 번, 하얀 종잇조각에 씌어 있는 주소를 확인한다. 문도 확실하게 보이지 않을 정도로 어둡다. 이 정도의 어둠이라면 쥐조차도 입구가 어디인지 헤맬 것 같았다.

음식점의 이름도 제대로 보이지 않는다. 금주법이 시행되던 시절의 미국의 바처럼 비밀스런 분위기가 물씬 풍긴다. 물론, 그 시대의 분위기를 실제로 본 적은 없다. 영화 등을 통해서 보았던 분위기일 뿐이다. 아니, 매춘굴 입구 같은 분위기도 느껴진다.

하지만 문 너머로 새어나오는 소리는 분명히 파두*다. 파두(Fado)는

---

* 파두 Fado 운명·숙명의 뜻을 지닌 파두는 민중의 삶을 노래한 민요로서 언제 들어도 구슬프고 서정적이다. 특히 파두 트리스테(Fado Triste)와 파두 메노(Fado Menor)라 불리는 고전적인 곡조는 가슴 밑바닥에서 끓어오르듯 애조를 띤다.

포르투갈의 대표적인 민요 장르인데 파두를 들으면서 술을 마실 수 있는 곳을 'Casa de Fado'라고 부른다. 잠시 그곳에 서서 귀를 기울이고 있으려니 경적 소리가 들려온다. 고개를 돌려 보았더니 택시기사가 아직 가지 않고 있다가 이곳이 틀림없다고 들어가라는 손짓을 한다.

문을 밀고 들어갔다. 뚱뚱한 대머리 아저씨가 연극을 하듯 미소를 지으며 맞이해 준다. 입구는 쥐구멍처럼 작았지만 내부는 꽤 넓다. 20여 개 정도의 테이블이 눈에 들어온다. 그 테이블에서 5미터 정도 떨어진 장소에 마이크스탠드가 있고 젊은 여자가 노래를 부르고 있었다. 표정은 거의 없지만 어딘가 슬픔을 견디고 있는 듯 눈썹을 잔뜩 찡그린 모습이다.

나는 앞에서 세 번째 정도의 자리로 안내를 받았다.

"무엇을 드시겠습니까?"

뚱뚱이 아저씨가 묻는다.

"포르토 와인.*"

'포르토 와인'은 포르투갈어이고 영어로는 '포트'라고 부른다.

"어떤 것으로 드릴까요?"

뚱뚱이 아저씨가 물었지만 나는 포르토에 관한 지식이 없다. 다양한 회사의 제품이 있을 것이다. 내가 대답을 망설이자 뚱뚱이 아저씨가 술병 두 개를 들고 왔다.

포르토에도 화이트와인과 레드와인이 있다고 한다. 나는 오른손에 들고 있는 레드와인을 가리켰다. 글라스에 따르자 루비 같은 색깔이 발갛게 드러난다.

발목까지 오는 긴 스커트를 걸친 붉은 드레스 차림의 30대 여성이 젊

＊ 포르토 와인 Porto Wine 포르투갈 북부 도로 강 상류지대에서 생산한 와인을 말한다. 포르토는 아직 발효 중인 당분이 남아 있는 와인에 강한 브랜디를 첨가하여 효모의 활동을 억제하여 만든다. 알코올 함량은 일반 와인이 10%지만 포르토 와인은 약 20% 전후로 상당히 독한 편이다.

은 여성과 교대했다. 60세 정도의 기타리스트, 또 한 명의 저음을 울리는 기타리스트는 그대로 남아 있다.

두 사람은 기타를 고쳐 잡고 다시 연주를 시작한다. 여유 있는 리듬. 여자는 그 기타의 음조에 맞추듯 여성으로서는 매우 낮은 목소리로 노래를 부르기 시작한다. 먼저 노래를 불렀던 젊은 여자의 투명한 목소리와는 음색이 완전히 다르다. 남자와의 격렬한 사랑 때문에 고민하는 여성의 슬픈 음색, 그런 목소리다.

가사는 알아들을 수 없지만 이탈리아어와 비슷한 단어들이 밤하늘에 떠 있는 별들처럼 가끔씩 귓속을 파고든다. 어렴풋이 이해할 수 있는 단어도 꽤 있다. 목동들이 별을 연결하여 천칭자리, 소녀자리 등으로 거대한 하늘에 별자리를 그리듯 가사의 내용이 무엇인지 나름대로 공상을 해 보았다.

그러나 아무리 노력해도 몇 개의 단어밖에는 알아들을 수 없었다.

나 자신의 실연과 겹쳐지는 감각을 느낀 것일까. 여행자의 고단함과 포르토와인의 취기도 어우러지면서 가슴이 메어지는 듯한 묘한 느낌이 든다.

중학생 시절, 아말리아 로드리게스(Amalia da Piedade Rodrigues)라는 여성가수가 부르는 '밤의 숙명' 이라는 노래를 라디오를 통해 들은 적이 있다. 그와 비슷한 느낌이다.

멜로디와 가라앉은 목소리의 정감을 통해서 이것이 남녀의 이별의 슬픔을 호소하는 가사라고 짐작했다. 그때가 파두와의 첫 만남이었다. 파두는 운명이나 숙명이라는 의미다. 당시에는 일본에서도 다른 가수들이 부르는 파두를 라디오를 통해서 자주 들을 수 있었는데 텔레비전 시대

로 바뀌면서 더 이상 들을 수 없게 되었다. 그로부터 몇 년이 지났을까. 본고장의 파두를 눈앞에서 직접 들을 수 있게 된 것이다.

몇 곡을 부른 뒤에, 아쉬운 이별을 냉정하게 받아들이듯 그녀는 마이크 앞을 떠났다. 박수가 터진다.

주인남자가 내 앞으로 다가왔다. 술 한 병을 끌어안고 있다.

"이건 귀중한 포르토 와인입니다. 특별한 기간에 수확한 것인데…. 한 잔 대접하지요."

20년 전에 만든 것이라고 한다. 라벨도 낡았고 인쇄도 치졸해 보인다. 글라스에 따라 빛에 비추어 보니 루비를 쥐어짠 붉은 액체를 모아놓은 듯하다.

"이것이 포르투갈의 진정한 레드와인입니다."

주인남자가 말했다. 확실히 조금 전의 포르토 와인과는 다른 느낌이 들었다. 그런데 분명히 대접이라고 해놓고 나중에 청구서를 보니 금액

이 가산되어 있었다.

　오른쪽에서 검은 드레스를 입은 50세 정도의 여성이 천천히 나타났다. 손님들은 그 여성을 보러 온 것인 듯 탄식 같은 함성이 주위에서 터져 나왔다. 박수 소리도 들린다.

　그녀는 가볍게 눈인사를 하고 입을 열었다. 목소리 같지 않은 목소리가 흘러나온다. 한숨소리 같기도 하고 탄식하는 소리 같기도 한 묘한 노래다. 연인의 배신 때문에 이별을 하게 된 슬픔을 노래하는 듯하다. 눈시울을 적시는 사람도 있다.

　손님들은 포르투갈인만 있는 것이 아니다. 관광객도 절반 이상 차지하고 있다. 시끄럽게 소란을 피우고 있던 미국인들도 쥐 죽은 듯 조용해졌다.

　그녀는 세 곡 정도 비슷한 곡을 부르고 박수 소리에 등을 떠밀리듯 우리의 눈앞에서 사라졌다. 그리고 그 박수 소리가 더욱 거세지자 다시 모습을 드러냈다.

앙코르 곡은 밝고 경쾌했다.

그녀가 노래를 하는 동안에는 술 마시는 것도 잊고 있었다. 노래가 끝나는 순간, 나는 글라스에 절반 정도 남아 있던 포르토 와인을 단숨에 비웠다. 나가는 사람도 있었다. 아직 한 스테이지가 남았다고 하지만 나도 나가기로 했다.

밖으로 나오자 역시 두려움이 느껴질 정도의 어둠, 게다가 추적추적 비까지 내리고 있었다.

피에타처럼 투명한 그라파에
곤드레만드레

이탈리아 ★ **그라파**(Grappa)

로마의 아침은 고요한 정적이 짧다. 하지만 하루의 시작을 알리는 다양한 소리들이 나는 마음에 든다. 그 소리는 싸구려 호텔방의 침대까지 들려온다.

가게 문을 여는 덜컹거리는 소리, 창문을 울리는 고함소리. 귀를 파고 드는 날카로운 경적 소리. 운전하는 남자가 창문을 열고 외치는 고성 등이 섞여 있다.

"방해하지 말고 빨리 비켜!"

이탈리아인은 속도 제한이 있어도 거의 무시하고 운전한다. 그것도

아침부터 날카로운 브레이크에 전혀 신경 쓰지 않고 속도를 내기 때문에 좁은 도로인 경우에는 주위를 울리는 음향이 정말 시끄럽다. 아침부터 그런 소음이 뒤섞여 주변의 공기를 깨우고 시간이 지날수록 점차 증가해 간다. 그리고 그 클라이맥스가 저녁이다.

저녁, 경주라도 하듯 자동차들이 달리고 있는 좁은 도로에 서서 이야기를 주고받는 사람들을 구경 삼아 바라보면서 나는 아페리티프(Aperitif: 식사를 하기 전에 마시는 술)를 마시고 있었다.

이상한 일이지만 도로 한가운데에 서서 이야기를 나누는 사람이 있어도 자동차 운전자는 그 사람들을 꾸짖는 것이 아니라 오히려 천천히 비켜간다는 점이다. 보행자에게 우선권이 있는 듯하다. 인도에서 소가 도로에 누워 있는 경우에 자동차가 피해가는 것과 비슷하다. 하지만 운전을 하는 남자는 역시 참기 힘든 듯 너무하다는 표정으로 핸들에서 손을 놓고 두 팔을 벌리며 어깨를 으쓱해 보이는 몸짓을 해 보이기도 한다.

피아차(Piazza. 광장) 같은 네거리 한가운데에서도 마치 무대 위의 배우

처럼 몸짓 손짓을 하며 이야기에 열중하고 있는 사람들이 보인다. 이탈리아의 영화감독 고 페데리코 펠리니(Federico Fellini)는 이런 말을 했다.

"이탈리아인은 모두 배우다. 그중 일부가 배우를 직업으로 선택했을 뿐이다. 이탈리아인 모두가 명배우다."

나는 이 말의 의미를 충분히 이해할 수 있을 것 같다. 바로 근처에 있는 두 사람의 대화 내용은 알아들을 수 없지만 5분 동안이나 대화를 나누는 모습을 바라보고 있는 것만으로도 한 편의 드라마를 느낄 수 있다. 그런 사람들의 모습이 잘 보이는 바에서 아페리티프를 마시고 있다 보니 시간이 금방 지나간다.

가벼운 술로 위장을 적시고 있으면 공복감이 느껴진다. 하지만 이탈리아의 레스토랑은 오후 8시가 되지 않으면 손님이 오지 않는다. 점심식사는 3시까지 영업을 하고 손님도 많다.

나는 불경기 때문에 고통을 받고 있는 이탈리아의 레스토랑이 늘 혼잡한 모습을 보고 정말 이해하기 어려웠다.

점심식사를 끝내고 일이 시작되는 것은 대부분 3시부터. 그리고 대부분 7시까지 일이 끝나지 않기 때문에 레스토랑에 손님이 들어오는 시간은 오후 8시 이후가 된다.

그래서 이른 저녁에 나와서 술잔을 기울이다 보면 아페리티프 때문에 취기가 오르는 경우도 있다. 그래서 미리 보아두었던 레스토랑이나 트라토리아(Trattoria : 대중 레스토랑, 경식당)로 가기 위해 서서히 몸을 일으켜 보지만 술에 취한 탓에 그 레스토랑이 있는 도로의 이름이 기억 나지 않는다거나 길을 잃는 경우도 있다. 그럴 때에는 마늘과 오레가노(Oregano : 꽃 박하, 향신료), 올리브오일 냄새가 풍기는 방향으로만 따라가면 십중팔구 트라토리아를 발견하게 된다.

그렇게 레스토랑에 도착하면 이번에는 냄새를 잊고 무아의 경지에서 잠깐 동안 그 레스토랑 앞에 멈추어 서서 레스토랑 안에서 흘러나오는 잡다한 소리에 귀를 기울인다. 사람들의 대화 소리, 접시와 포크가 부딪히는 소리, 사람들이 움직이는 소리…. 굳이 내부를 들여다보지 않아도 소리만으로도 맛이 있는 가게인지 그렇지 않은지 알 수 있다.

우리도 그런 방식을 이용해서 대부분의 관광객이 발길을 하지 않는 미로 같은 골목 한 모퉁이에 위치한 트라토리아를 발견했다. 전채요리인 문어, 오징어, 봉골레(Vongole : 조개), 몇 종류의 살라미소시지(Salami Sausage : 이탈리아의 소시지), 소금에 절인 올리브, 스파게티 카르보나라(Spaghetti alla Carbonara), 트립파 알라 로마나(Trippa alla Romana : 소의 위장을 삶은 것), 그리시니(Grissini), 1.5리터 정도의 비노(Vino : 이탈리아의 와인), 프루타 데 토르타(Fruta de Tortam : 과일 케이크)를 먹었다. 내 위장은 그 음식들의 작은 파편으로 가득 찼다. 배가 부르자 신경이 이완되면서 정신이 몽롱해졌다.

로마에조차 일본 관광객이 거의 없었던 시절, 하물며 나 같은 일본인

73

은 보기 드물었을 것이다. 식사를 하고 있으면 반드시 누군가 말을 걸어왔다. 누구하고든 친구가 되어 안심하고 어울릴 수 있는 시대였다. 그리고 당시의 우리는 젊었다. 사람들의 마음을 열 수 있는 순수한 외모였다.

당시에는 파스타의 양, 요리의 양도 지금의 두 배 가까이 되었다. 요즘의 유명한 레스토랑에서는 파스타의 양이 1인분에 80그램, 다양한 재료가 들어갈 경우에는 70그램 정도다. 그러나 당시에는 1백 그램보다 훨씬 많아 1백 20그램은 되었다. 그렇기 때문에 전채요리에서부터 세컨드 피아토(Secondo Piatto)*, 돌체(Dolce. 디저트)까지 먹으면 피를 잔뜩 빨아먹은 모기처럼 배가 불러 정신이 몽롱해졌다.

그렇게 몽롱한 상태에 놓여 있을 때, "이걸 마시면 속이 편안해질 것입니다." 하면서 옆자리의 남자가 무엇인가 내밀었다. 작은 글라스에 투명한 액체가 넘칠 듯 가득 담겨 있었다. 남자의 손에도 같은 액체가 담긴 글라스가 들려 있었다. 내가 글라스를 받아들자 누가 먼저랄 것도 없이 둘 다 단숨에 그 액체를 들이켰다. 그러자 글라스에 다시 한 잔의 술이 채워졌다. 그것도 단숨에 들이켰다.

몇 번이나 그 행위를 되풀이했을까. 그 결과, 의식이 맑아지면서 생기가 느껴졌다.

오감이 갑자기 되살아나면서 모든 것이 선명해지는 듯한 느낌이었다. 나는 트라토리아의 벽에 만들어져 있는 세밀한 얼룩들을 서로 연결하

---

*세컨드 피아토 Secondo Piatto 두 번째 접시, 코스요리에서 두 번째 순서로 나오는 요리로 일반적으로 생선요리에 해당하지만 각종 해물을 재료로 삼은 다양한 요리를 제공하기도 한다.

여 머릿속으로 별자리를 만들었다. 벽에 걸려 있는 그림 속의 비너스와 마음을 나누며 발치에 있던 도베르만과 로마의 거리에 관하여 대화를 나누었다. 정육점 주인의 붉은 피가 묻은 하얀 와이셔츠나 골동품을 수리하고 있는 기술자의 바지에 달라붙어 있는 노란색 페인트를 바라보며 정말 아름답다고 중얼거리고 있었다.

비스듬히 일그러져 있는 싸구려 호텔방으로 돌아온 이후에도 그 방이 완전한 수직선과 평행선으로 이루어져 있는 것은 아니라고 생각했을 정도다.

피에타(Pieta)처럼 투명한 그라파(Grappa)는 나를 사로잡고 놓아주지 않았다.

지금은 그라파를 모르는 사람이 없을 것이다. 하지만 그 당시의 일본에서는 브랜디, 워커 등은 알고 있었어도 그라파가 어떤 술인지 알고 있는 사람은 별로 없었다.

와인을 양조하려면 포도를 으깨야 한다. 하지만 으깬 뒤에는 찌꺼기가 남는다. 그 찌꺼기로 그라파를 만든다. 그 때문에 싸구려 술이라고 생각할지 모르지만 품질이 좋은 경우에는 브랜디보다 가격이 비싼 것도 있다.

배가 불러 식후의 디저트가 먹기 힘든 사람은 에스프레소나 그라파를 마시면 상쾌해진다. 또, 그라파를 샤베트 위에 뿌리면 봄날의 물웅덩이에 하얀 눈이 쌓인 것처럼 변하여 먹기에도 좋다. 나는 식사를 할 때에 반드시 이중의 어느 한 가지를 선택한다.

로마에 있을 때에는 매일 저녁, 트라토리아의 손님들로부터 그라파 세례를 받고 약간 지쳐 있었다. 거의 매일 아침 숙취를 느껴야 했다.

그런 내 모습을 보고 함께 동행한 그녀(현재의 아내)가 더 이상 로마에 있으면 뭔가 큰일이라도 나겠다면서 로마에서 한 시간 정도 떨어진 항구도시 시비타베키아(Civitavechia)에서 배를 이용하여 사르디니아(Sardinia)로 가자고 했다.

가죽부대를 들고 한손으로 들이켜다

이탈리아 ★ 와인(Wine)

사르디니아의 칼리아리(Cagliari)에 도착하니, 그곳은 축제 기간이었다. 그래서 그런지 호텔이 모두 만원이라 방 구하기가 힘들었다.

택시기사는 시내에서 좀 멀리 떨어진 곳이라면 방이 있을지도 모른다며 타라고 했다.

어쩔 수 없이 우리는 꽤 많은 시간을 소비해서 황량한 산 속의 작은 호텔에 도착했다. 교통수단이라곤 하루에 두 번 다니는 버스밖에 없는 한적한 곳이었다. 그러나 그 호텔은 우리의 기호에 맞았다. 숙박을 하고 있는 사람은 거의 없는 듯, 방 열쇠를 걸어두는 보드에는 대부분 열쇠가 걸려 있었다.

"내일도 마중을 오겠습니다. 요금은 절반만 주셔도 됩니다."

택시기사는 그 말을 남기고 돌아갔다. 호텔로 올 때의 요금도 절반으로 깎아주었다. 카운터의 남자는 우리를 보더니 갑자기 '치네제'(중국인)냐고 물었다. 이탈리아를 여행하면서 우리는 자주 '치네제'가 아니냐는 오해를 받았기 때문에 특별히 놀라운 일은 아니었다. 여권을 건네자 남자는 "오, 자포네제(일본인)!"라면서 신기하다는 표정으로 우리를 다시 한 번 쳐다보았다.

항구도시는 축제로 들떠 있었다. 형형색색의 천과 장신구로 장식한 소가 이끄는 수레들이 지나는 도로는 인파 때문에 꼼짝할 수 없을 정도로 번잡했다.

눈앞에 사르디니아 섬 전역의 각종 민속의상을 걸친 남녀노소들이 줄지어 걷고 있었다. 정말 화려한 광경이다.

거리를 지나는 마차에서는 올해 갓 생산된 비노(와인)를 가죽부대에 넣어 나누어 주었다. 나는 그 가죽부대를 받아들고 한 손을 높이 들었다. 가죽부대에 담겨 있는 비노를 마시려면 약간의 비결이 필요하다. 나는 몇 번인가 스페인에서 가죽부대에 담긴 술을 마셔 본 적이 있기 때문에 잘 알고 있었다.

한 손을 위로 뻗고 포물선을 그리면서 떨어지는 비노를 입으로 받아 먹는다. 나는 멋지게 비노를 입으로 받았다. 입 속으로 비노 로소(Vino Rosso. 레드와인)가 들어온다. 정말 멋지게 마셨다. 이제 타이밍을 맞추어 입을 다물면서 비노가 들어 있는 가죽부대의 입구를 위쪽으로 향하면 된다. 그러나 그 순간, 실수를 해서 얼굴에 레드 와인을 그대로 뒤집어

썼다. 주변 사람들이 웃음을 터뜨린다. 다른 사람들은 마치 이로 끊듯 비노를 한 방울도 흘리지 않고 멋지게 잘 마신다.

그날 저녁, 항구도시의 레스토랑에서 사르디니아의 비노 비앙코(Vino Bianco. 화이트와인)를 마시면서 안주로 오징어튀김을 먹고 있는데 옆자리의 5명 정도의 손님들이 우리를 뚫어지게 바라보았다.

"당신이지요? 아까 텔레비전에서 보았습니다. 가죽부대에 담긴 비노를 마셨지요?"

그중 한 명이 묻는다. 축제에서의 우리의 모습을 텔레비전을 통해서 보았다는 것이다. 주위 사람들도 우리를 바라본다.

"맞아. 그 사람이야!"

그렇다. 그때 나는 텔레비전 카메라를 향해 인터뷰를 했다. 하지만 여행자인 우리가 설마 텔레비전 브라운관에 나오리라고는 생각도 하지 못했기 때문에 까맣게 잊고 있었다.

　나는 다시 주인을 비롯한 여러 손님들에게 그라파를 받아 마셔야 했다. 로마에서 그라파 공격에 지쳐 도망치듯 사르디니아로 온 것인데 이곳에서도 결국 그라파 공격을 받는 신세가 되어 버렸다.

　다음날부터 나는 이 항구도시의 유명인이 되었다. 음식점에 들어가면 밤이건 낮이건 상관없이 그라파 공격을 받았다. 이래서는 더 이상 버틸 체력이 없다. 우리는 사흘 뒤에 열차에 올랐다. 칼리아리에서 사사리(Sassari)까지 이 섬의 중앙을 종단하는 철도다.

　석회암인가. 지면에는 부피의 6분의 1을 표면에 드러내어 흐르는 빙산처럼 보이는 하얀 바위들이 여기저기에 묻혀 있다. 달리고 있는 열차의 차창을 통하여 내다보면 하얀 바위들이 마치 북해를 표류하는 빙산처럼 잇따라 시야를 달려간다. 바위와 바위 사이에는 키가 작은 히스(Heath: 황야에 자생하는 석남과의 상록관목) 같은 풀들이 강한 바람에 춤을 추고 있다.

황량한 풍경에는 사람의 그림자나 양떼조차 보이지 않는다. 사르디니아는 예로부터 가난한 지역이다. 산적도 출몰했다고 한다. 한동안 달리던 열차가 역에 멈추자 젊은 부부와 두 명의 아이들이 우리의 객실로 올라탔다. 하지만 우리를 보고 불편한 몸짓을 보였다.

우리는 이탈리아어를 구사할 줄 모르지만 설사 알고 있다고 해도 소용이 없었을 것이다. 이탈리아인들조차 사르디니아의 말은 도저히 이탈리아어라고 생각하기 어렵다고 말할 정도이니까. 어쨌든 침묵은 괴로운 것. 두 명의 여자아이는 어머니에게 매달려 가끔씩 흘깃거리며 우리를 쳐다보았지만 대부분 아래만 내려다보고 있었다.

어머니가 쿠키를 꺼내 여자아이들의 작은 손바닥에 한 개씩 쥐어 주었다. 그리고 다시 봉투에 손을 넣더니 쿠키 두 개를 꺼내 동행한 그녀에게 건네준다. 그중 한 개가 내 손에 쥐어졌다. 달콤한 맛이면서 허브 향이 풍기는 것이, 꽤 맛이 좋았다. 당시에는 그런 쿠키를 먹어 본 적이 없었다.

1시간 정도 지났을까. 남자가 어깨에서 내려놓은 자루 안에서 술병과 신문지에 싸인 것을 의자 옆에 꺼내 놓았다.

라벨도 붙어 있지 않은 짙은 녹색 병에 비노가 들어 있었다. 아마 직접 만든 것이거나 농가에서 받았을 것이다. 의자 옆에 놓여 있는 빵과 치즈, 살라미소시지는 그들의 점심식사였다.

우리는 1시 조금 지난 시간에 하차할 예정이었기 때문에 식사는 준비하지 않았다. 난처한 상황이 벌어졌다. 우리가 있으면 편하게 식사를 할 수 없을 것이다.

예상대로, 그들은 처음에 꽤 주저하는 모습을 보였다. 하지만 남자가 글라스에 비노를 따라 갑자기 내 눈앞으로 내밀었다. 나는 당황해서 술을 못 마신다고 손짓을 하며 이 세상에 태어나 처음으로 거짓말을 했다.

손을 머리에 대고 술을 마시면 머리가 아프다는 의미를 전하자 치즈와 빵, 살라미소시지를 내민다. 이것이라도 먹으라는 의미인 듯하다. 더 이상 거절하면 상대방이 오히려 불편할 것 같아서 맛만 보았다.

아이들도 어머니가 건네준 살라미소시지와 치즈를 먹고 있다. 여자아이들은 이제 어색해하는 분위기가 아니다. 치즈는 양젖으로 만든 것이었다.

차창을 통해서 들어오는 상쾌한 바람에 여자아이들의 갈색 머리카락이 풍성하게 흩날린다. 남자는 치즈를 안주 삼아 글라스를 비우고 있다. 아마 비노 로소와 치즈가 섞인 최고의 맛을 즐기고 있을 것이다. 나도 모르게 군침이 넘어갔다. 열차가 멎고 우리는 인사를 하고 서둘러 역으로 발을 내려놓았다.

베니스는 비

베니스 ★ 드라이 마티니(Dry Martini)

    우리는 제노바에서 1박을 하고 다음날 베니스로 향했다. 베니스에는 비가 내리고 있었다. 그것도 매우 세찬 비였다. 이번 여행에서 이처럼 세찬 비를 만난 것은 처음이었다.

    습도가 적은 유럽의 기후 때문에 피부가 들뜰 정도로 잔뜩 말라 있었다. 습도가 높은 나라에서 자란 우리에게는 신체적으로는 물론이고 심리적으로도 괴로운 일이었다. 그렇기 때문에 세찬 빗줄기를 보자 오히려 고마움을 느꼈다.

    열차에서 내리자 눈앞에 바다가 나타났다. 바로 옆에 있는 건물은 비

때문에 희미한 그림자처럼 흐려서 건물의 윤곽까지 희미하게 만들었다.

섬을 순회하는 배가 다가오기를 기다렸다가 승선, 호텔이 있는 장소에서 마치 버스정류장에서 하차하듯 내렸다. 예약을 해 둔 호텔은 눈앞에 있었다. 멋진 조각으로 장식된 그 건물은 비에 흠뻑 젖어 있었다. 1층은 운하에 잠겨 있고 출입을 하는 현관은 2층에 있었다.

헤밍웨이도 베니스에 자주 왔었다고 한다. 『강 건너 숲속으로』 등의 소설에도 베니스가 자주 등장한다. 그리고 그는, 베니스에 오면 늘 해리스 바(Harry's Bar)*에 들렀다고 한다. 나도 일단 해리스 바로 가서 헤밍웨이를 흉내 내어 드라이 마티니를 마셨다.

---

* **해리스 바** Harry's Bar 베니스 산 마르코 1323번지에 있는 유명 식당. 토스카니니, 마리아 칼라스, 찰리 채플린, 다이아나 황태자비 등 유명 인사들이 다녀갔다.

드라이 마티니는 칵테일로서는 유명하기 때문에 누구나 알고 있을 것이다. 얼음이 들어 있는 믹싱글라스에 베르무트(Vermouth : 포도주를 기본으로 한 리큐어) 15밀리리터와 진 45밀리리터를 붓고 그것을 바 스푼으로 빙빙 저은 다음 레몬 필(Lemon peel)을 짜넣고 패션글라스에 따르는 것이지만 헤밍웨이가 드라이 마티니를 만드는 방법은 약간 달랐다.

우선 일반적인 방법으로 마티니를 만들어 그것을 그냥 버린 다음에 즉시 같은 믹싱글라스에 진을 붓고 그것을 글라스에 따르고 올리브를 장식하는 것이다. 따라서 거의 진을 마시는 것과 같다.

또 한 가지 특이하게 만들어 마신 사람은 영국의 수상이었던 처칠이다. 그는 엑스트라 드라이를 좋아했다. 베르무트를 넣지 않고 진만을 이용했고 마지막 완성은 그의 눈앞에서 바텐더가 라임 껍질을 비틀어 짜서 즙을 넣는 것이었다.

나는 헤밍웨이처럼 사치를 부릴 처지도 아니었고 처칠처럼 유머도 없었기 때문에 일반적인 드라이 마티니를 마셨다. 이 드라이 마티니는 달콤한 맛도 좋지만 올리브가 바닥에 가라앉아 있는 모습이 정말 마음에 들었다. 그리고 다른 칵테일처럼 색깔도 없고 장식도 없는 소박함이 좋았다.

헤밍웨이가 먹어 본 적이 있는지는 모르지만 일본에서도 대중화 되었고 나도 자주 조리해서 먹는 카르파초(Carpaccio)*는 이 해리스 바에서 처음 제공된 것이라고 한다.

그 이름에 얽힌 유래가 재미있다. 요리는 이미지를 그린 대로 완성되었지만 이름은 없었다. 갓 완성된 육류요리의 붉은 색깔을 보고 주인이 생각해 낸 것이 그림에 붉은색을 자주 사용하는 카르파초라는 화가의 이름이었다.

나는 카르파초가 이 지역에서 활약하고 있던 화가의 이름에서 유래되었으리라고는 생각도 하지 못했다. 그런데 그 탄생지인 이 해리스 바에서 유래를 알게 된 것이다.

그날 해리스 바에서는 육류를 재료로 삼은 카르파초는 먹지 않았다. 어패류 요리를 먹었던 듯하다. 무엇을 먹었는지 확실하게 기억이 나지는 않지만 드라이 마티니를 마시기 전에 베네토(Veneto) 지방의 어패류에 어울리는 소아베(Soave)를 전부터 먹고 싶었기 때문에 그것을 마신 기억은 있다. 소아베는 비노 비앙코(화이트와인)이기 때문에 아마 어패류 전채와 오징어 먹물을 사용한 리조토를 먹었을 것이다.

* **카르파초** Carpaccio 해리스 바의 1대 주인인 쥬제페(Giuseppe)가 개발한 요리로 얇게 썬 쇠고기 육회에 소스를 끼얹어 먹는 음식이다. 이후 다양한 재료로 응용되어 세계인의 사랑받는 음식으로 발전했다.

그러나 난처하게도 그 시절부터 드라이 마티니를 마시면 무슨 이유에서인지 예상 밖으로 많이 취했다. 그날도 헤밍웨이를 흉내 낸 것이 문제였다. 완전히 취해버렸기 때문에 확실하게 기억을 하지 못하는 것이다.

그녀는 비노 비앙코에 친자노(Cinzano : 이탈리아산 베르무트 술, 상표명)를 섞은 것을 마셨다. 그것도 약간만. 해리스 바의 식사는 그다지 좋은 느낌이 아니었다. 다른 레스토란테(Restaurante. 레스토랑)보다 가격이 비쌌고 관광객들이 너무 많았기 때문이다. 그리고 미국인이 어슬렁거리는 음식점은 대체적으로 맛이 없다.

베니스의 거리는 밤이 일찍 찾아온다. 어슴푸레한 거리에는 가정집과 상점에서 흘러나오는 조명뿐이고 외등은 거의 없다. 돌바닥에 비치는 빛은 약간뿐. 취기에 몸을 맡기고 그곳을 비틀비틀 걸었다. 나는 산책의 즐거움을 알고 있었다.

커다란 리알토 다리(Ponte di Rialto), 스칼치 다리(Ponte degli Scalzi), 아카데미야 다리 정도는 알고 있었다. 그런데 베니스에는 대체 몇 개나 되는

다리가 있는 것일까. 운하가 200여 개 정도라고 듣고 그 많은 숫자에 깜짝 놀랐다. 하나의 운하에 서너 개의 다리가 설치되어 있다고 해도 엄청난 숫자다.

호텔 바로 근처에도 낙타의 등처럼 작은 다리가 몇 개 있다. 나는 몇 번이나 그곳을 지났지만 그 다리에 이름이 있다는 사실조차 몰랐다.

그중 하나의 다리를 건너면 바로 오른쪽에 작은 트라토리아가 보인다. 베니스에는 가는 곳마다 수많은 레스토란테나 트라토리아가 있어 거의 다 들러 보았지만, 맛이 있는 음식점은 별로 없었다. 하지만 1주일 정도 머무르는 동안, 이곳만큼은 세 번이나 들렀다. 그것도 저녁에만.

다리를 올려다보니 하늘은 아직 밝았다. 여느 때보다 시간이 일렀던 것이다. 그러나 양쪽 강가의 집들 사이에 끼인 운하의 물은 검게 가라앉아 있는 것처럼 보였다.

저쪽에서 다가온 곤돌라가 그 다리 아래를 지나고 있었다. 곤돌리엘레(Gondolielle)는 스트로 해트(Straw Hat. 밀짚모자)를 쓰고 붉은 스커트를

걸친 모습이다.

그는 갑자기 "아오이, 아오이!"라고 테노르(Tenor. 테너)로 고함을 질렀다. 무슨 의미일까. 어두운 다리 아래에서 배의 존재를 알려 부딪히지 않도록 신호를 보내는 것일까.

우리는 그 작은 트라토리아로 들어갔다. 입구 왼쪽에 다양한 안티파스토(Antipasto. 전채요리) 접시들이 진열되어 있었다. 오늘 저녁으로는 무엇을 고를까. 어패류다. 그리고 베네토 지방의 와인을 마음껏 마시자.

동행한 아내(당시에는 애인)는 술을 거의 마시지 않았다. 그 트라토리아에서도 비노 비앙코와 친자노를 섞은 것만 약간 마셨을 뿐이다.

민들레 와인

이탈리아 ★ 민들레 와인(Dandelion Wine)

밀라노의 봄은 갑자기 찾아온다. 우리가 임대해서 살고 있는 집 마당에 자라고 있는 잔디도 겨울 동안 꽤나 추웠을 텐데 어느 날 갑자기 파릇파릇한 생기를 되찾고 주변에 녹색의 선을 만들어 놓았다. 앞으로 1주일만 지나면 마당은 모두 녹색으로 뒤덮일 것이다.

2층 창문에서 보이는, 담 너머 교회 탑의 윤곽이 레이스 같은 초목의 싹 때문에 날이 갈수록 모습이 가려진다.

하늘을 나는 새들의 기세도 갑작스럽게 바빠졌다. 가지에 자리를 잡고 앉는가 싶으면 다음 순간, 고개를 흔들어 작은 몸을 부르르 떨고는

부리에 먹이를 물고 다시 하늘로 날아오른다.

두 마리의 고양이는 쉴새없이 몸을 문지르면서 녹색의 잔디 위를 뛰어다닌다. 그러나 그 평안함을 깨는 존재가 있다. 정원사들이다. 겨울에 가지치기를 하느라 잘라낸 나뭇가지들을 다발 지어 처리한다.

그 정원사들에 섞여 낯선 할머니 한 분이 마당의 잔디 위를 걷고 있었다. 소중한 보물이라도 찾고 있는 듯 허리를 구부리고 천천히 걷다가 가끔씩 허리를 깊이 숙이고 무엇인가를 줍는다.

2층 창문을 통하여 그 할머니의 행동을 바라보고 있던 나는 문득 호기심이 들었다.

"뭘 찾으시는 겁니까?"

"민들레요."

할머니가 얼굴을 들고 대답했다.

　순간, 당황했다. 대답이 너무 간단했기 때문이다. 이곳은 비록 임대를 해서 빌려 쓰고 있지만 어쨌든 내가 사용하고 있는 집 마당이다. 따라서 내 허락도 받지 않고 마당으로 함부로 들어오면 안 된다. 그런데도 아무렇지 않다는 듯 태연히 대답을 하는 할머니의 태도에 순간적으로 화가 났다. 그러나 할머니를 상대로 화를 낼 수는 없었다. 그리고 할머니의 신중한 모습이 왠지 모르게 나도 함께 민들레를 따야 할 것 같은 묘한 유혹으로 다가왔다.

　그래서 나도 2층에서 내려가 할머니를 흉내 내어 민들레를 따기 시작했다. 문득 정신을 차려보니 아내도 잠자코 민들레를 따고 있었다. 민들레 잎을 따다가 손에 한 주먹이 되면 마당에 늘어서 있는 콘크리트 기둥의 주춧돌 위에 내려놓고 그곳이 가득 차 더 이상 둘 곳이 없으면 다음 주춧돌 위에 민들레 잎을 놓았다.

1시간 정도 지나자 세 개의 작은 산이 만들어졌다. 싱싱한 민들레 잎들. 할머니는 그것들을 마치 사랑스런 고양이의 머리라도 쓰다듬듯 소중하게 스카프에 싸면서 "봄의 민들레 잎은 간장에 좋아요."하고 말했다.

"그걸 어떻게 해서 먹지요?"

"샐러드를 해 먹지요."

내 질문에 간단히 대답을 하고 할머니는 담장 끝 부분에 있는, 우리가 평소에 그다지 사용하지 않는 문을 열고 밖으로 나갔다.

순간, 깨달았다. 그러고 보니 그 할머니는 이 집 주인 아그치 씨와 상당히 닮아 있었다. 할머니는 아그치 씨의 어머니일 것이다. 어진 어머니로 명성이 높은 분이다. 그 후 그녀는 2, 3일에 한 번은 마당으로 들어와 민들레를 땄다. 그리고 직접 만든 요리와 술에 관한 많은 이야기를 들려주었다.

"와인도 이 안마당에 심었던 포도를 이용해서 많이 만들었지만 모두 전쟁에 나가는 통에 이제는 만들 사람이 없어요."

정원사가 가지치기를 한 나뭇가지 중에는 포도나무 가지도 있었다. 많이 줄어들기는 했지만 가을에는 포도송이가 그 나무에 매달려 있었다.

"포도가 여무는 가을이 될 때까지, 다양한 재료들로 술을 만들었어요. 버찌, 살구, 덜 여문 호두, 그리고 민들레."

나는 레이 브래드버리(Ray Bradbury : 미국 작가)의 『민들레 와인〔Dandelion Wine〕(1957)』이라는 소설을 알고 있었기 때문에 그 말에 흥미를 느꼈다. 그 소설에는 민들레 와인을 만드는 방법은 소개되어 있지 않았지만, 민들레로 만든 술에 대한 기막힌 표현들이 있어 그게 어떤 맛인지 정말 마셔보고 싶었다.

"우리도 만들 수 있을까요?"

"물론이에요. 하지만 민들레꽃이 좀 더 짙은 색을 띠어야 제대로 맛이 나지요."

이윽고 잔디 사이에 짙은 노란색의 민들레꽃이 우주의 어둠 속에 반짝이며 빛나는 별들처럼 흐드러지게 피는 무더운 여름이 되었다. 우리는 할머니에게 민들레 와인을 만드는 방법을 배웠다.

꽃을 따면서 생긴 하얀 민들레 수액에 젖은 손가락이 잠시 후 검은색으로 변한 것을 보고 우리는 깜짝 놀랐다. 물로 씻어도 쉽게 지워지지 않았다. 그만큼 독성이 강했다.

우리는 민들레꽃을 천 개쯤 땄을 것이다. 그 민들레꽃을 빼곡히 채운 하얀 법랑 양동이에 따뜻한 물을 6리터 정도 폭포처럼 쏟아 붓는다. 민들레꽃은 따뜻한 물속에서 빙글빙글 춤을 추며 맴을 돈다. 그대로 사흘 동안 식당의 어두운 구석에 놓아둔다.

   나흘째 되는 날 아침, 포도를 짜는 무명 자루에 민들레꽃을 물과 함께 붓고 거른다.

   자루 아래로 떨어져 내리는 물은 레몬수처럼 맑다. 그것과는 별도로 1리터의 따뜻한 물에 설탕 5백 그램을 녹여 35도 정도가 되면 드라이 이스트를 첨가한다. 안마당에서 바깥마당으로 통하는 입구에 커다란 도자기 화분이 있는데 레몬이 화성처럼 매달려 있다. 그 열매를 두 개 땄다.

   레몬 껍질은 즙을 내고 과육은 쥐어짜서 민들레 물에 붓는다. 그때 수많은 거품과 거품이 부딪히며 부서지는 듯 희미한 소리가 들린다. 그 때문일까, 두 마리의 고양이가 옆에서 고개를 갸웃거리며 무슨 소린가, 하며 귀를 기울였다.

   드라이 이스트를 넣은 법랑 용기 바닥에서 우주의 머나먼 음향과 함께 투명한 캡슐이 끝없이 올라왔다. 그러나 지구의 공기에 부딪히면 마치 거대한 군함에 부딪힌 잠자리처럼 부서져 버린다. 끝도 없이 발생되는 거품.

나는 그 투명한 거품을 함유하고 있는 액체를 병에 담았다. 여름을 가두는 마법사처럼…. 그리고 한동안 그대로 숙성시켰다.

이제, 마음이 내킬 때면 언제라도 여름을 마실 수 있게 되었다.

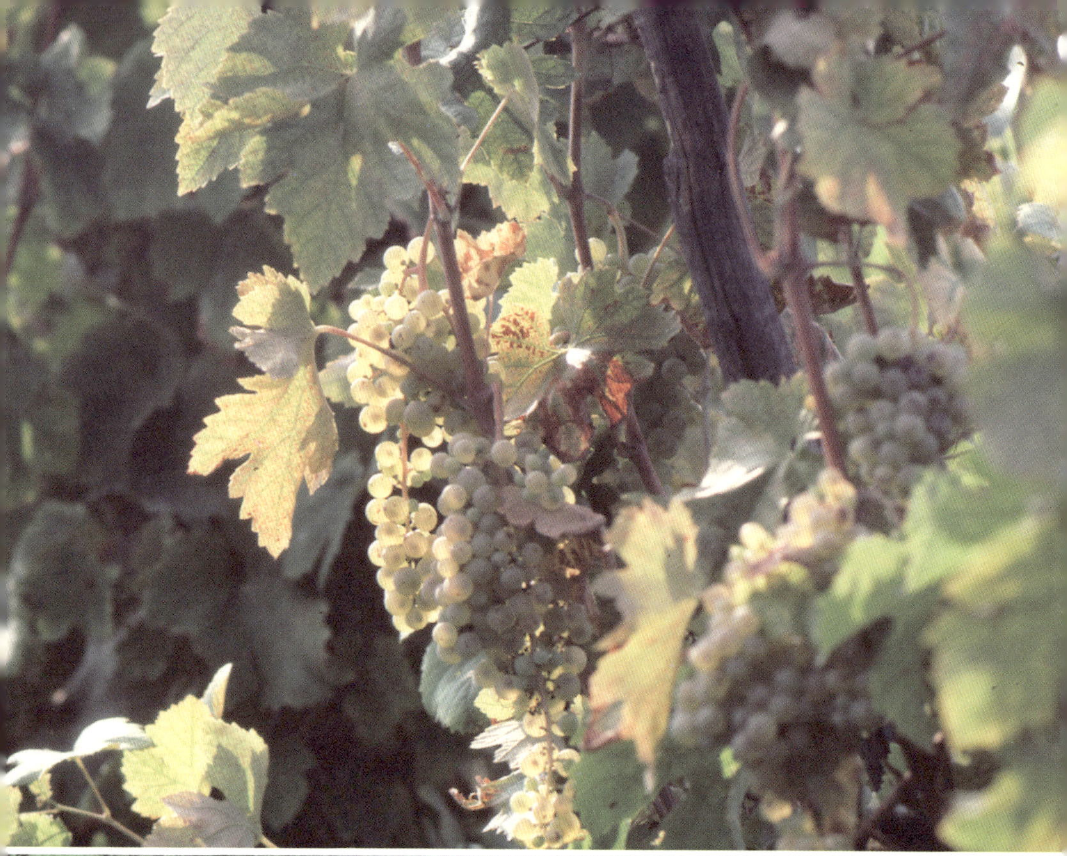

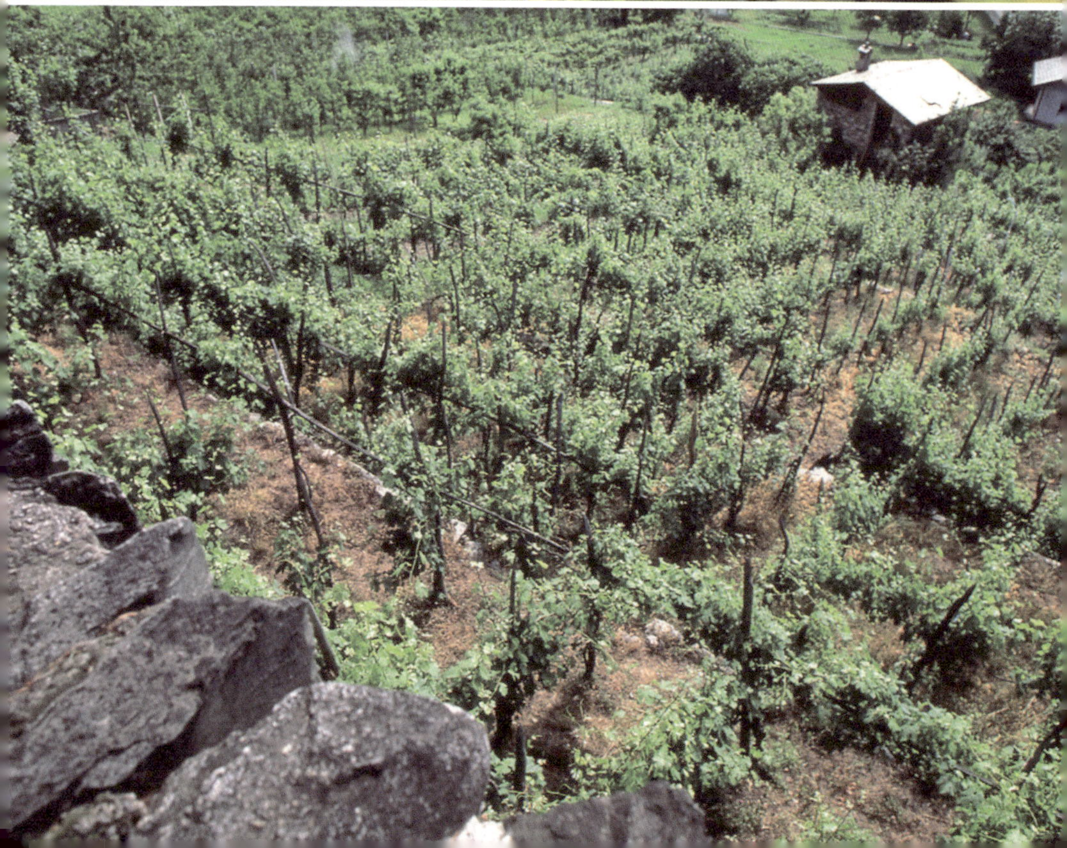

혀와 몸이 기억하도록
마시고 또 마신다

밀라노 ★ 와인(Wine)

    밀라노에 살았을 때에는 별로 바쁘지 않았다. '망'(忙)이라는 한자는 '마음(心)을 잃어버린다(亡)'고 쓴다. 하지만 젊은 시절에는 마음을 잃어버릴 정도로 바쁜 것이 좋다. 나는 바쁜 사람이 부러웠다. 하지만 그 시절의 나는 정말 바쁘지 않았다.

    한 달 동안에 일본에서의 일이 한 건. 밀라노의 출판사 일이 한 건. 스위스에서의 일이 한 건. 가끔씩 들어오는 간단한 의뢰 약간. 그 밖에는 마리오라는 요리사에게 일주일에 두 번 요리를 배우고 그 사진을 촬영했다. 촬영이 끝난 뒤에는 안마당으로 나와 테이블 위에 글라스와 병을

올려놓고 날씨가 좋을 때에는 하루 종일 술잔만 기울였다.

어디에서 오는지는 모르지만 바람의 향기를 느끼고 가을에는 플라타너스 가지 사이로 새어 들어오는 빛을 즐기며 글라스 안의 비노(Vino. 와인)의 맛을 즐겼다.

대낮부터 술 마시는 게 처음에는 많이 거북했지만 이탈리아인들의 식생활에 익숙해지자 대낮부터 비노를 마시는 데 나도 모르게 익숙해지고 당연한 것처럼 되고 말았다.

이탈리아에 처음 살기 시작했을 때에는 이런 식으로 살면 어떻게 국가가 유지될 수 있는지 의아했다. 하지만 낮부터 붉은 얼굴로 일을 해도 아무도 꾸짖거나 비판하지 않았다. 경찰, 은행원, 점원. 그리고 택시기사도 거의가 붉은 얼굴(술 마신 얼굴)이다.

만약 비노를 마시지 않고 점심식사를 하면 술이 몸에 맞지 않느냐, 또는 컨디션이 나쁘냐, 하고 오히려 걱정을 해줄 정도다.

밀라노에서의 생활은 하루의 시간이 서너 배는 길게 느껴질 정도로 천천히 흘러간다. 그것은 글라스 안의 비노가 안겨주는 여유로움이다. 늘 마시는 술이 고급 술이라면 더 좋겠지만 싸구려 술이라고 해도 자신의 기호에 맞는 것이라면 아무런 문제가 없다.

내가 이탈리아의 비노와 친해지게 된 계기는 닥치는 대로 마시는 나의 술 습성 때문이다. 우선, 근처 가게의 선반에 진열되어 있는 1.8리터 크기의 병에서 일반적인 750밀리리터 병까지, 나는 닥치는 대로 마셨다.

밀라노에 살았던 500일 동안, 과연 내가 마신 술은 얼마나 될까? 적게 어림잡아도 1400병은 넘을 것이다. 그렇게 나는 이탈리아반도 북쪽에서 남쪽까지, 모든 지방에서 만들어진 각각 개성이 다른 다양한 종류의 비노를 마음껏 마셨다.

이탈리아는 세로로 길게 뻗어 있는 모습이다. 따라서 북쪽의 피에몬테(Piedmont)나 아오스타(Aosta)에서는 눈이 내릴 때에 나폴리나 사르디니아에서는 수영을 할 정도로 기온의 차이가 심하다. 그렇기 때문에 다양한 품종의 포도가 자라고 각 지방의 개성이 잘 반영된 비노가 탄생한다.

내가 살았던 밀라노는 북이탈리아이기 때문에 이탈리아에서 가장 세련된 피에몬테 지방의 비노를 손쉽게 입수할 수 있었다. 이탈리아에서 마셨던 비노의 3분의 1정도는 피에몬테에서 생산된 것이다. 피에몬테의 바롤로(Barolo), 바르바레스코(Barbaresco), 그 밖의 지방에서 생산된 것으로는 토스카나의 키안티 클라시코(Banfi Chianti Classico)를 자주 마셨다. 하지만 기록을 남기지 않았기 때문에 확실한 것은 알 수 없다.

적어도 비노에 관한 지식은 갖추어야겠다는 생각에 늘 마시기 전에는 라벨을 읽고 연대, 산지, 생산자, 등등을 노트에 기록해야겠다고 결심하

 지만 막상 비노의 뚜껑을 여는 순간 그런 결심은 멀리 사라져 버린다. 덧붙여, 와인의 라벨에는 읽는 방법이 있는데 그것을 알아두면 비노에 관해서 좀 더 빨리 알 수 있다.

 이탈리아 와인의 라벨에는 DOCG, DOC, IGT, VdT 등의 알파벳이 씌어져 있다. 이것은 와인의 등급이다. 예를 들어, DOCG는 이탈리아의 와인법에 의해 최상위로 분류된 것이다. 그 밖에, 포도의 종류, 수확된 해, 와인의 생산지, 생산자, 병마개를 한 회사와 그 회사의 주소 등이 표시된다. '빈 병은 휴지통에'라는 표시가 된 라벨도 있는데 이런 라벨은 왜 붙어 있는 것인지 이해하기 어렵다. 이탈리아에서는 빈 병을 아무 데나 버리기 때문에 이런 표시를 하는 것일까. 쓸데없는 문구가 아닌가 하는 생각이 든다.

 나는 늘 라벨에 눈길을 주기는 했지만 한 잔, 두 잔 들이켜는 동안에 점차 아무려면 어떠냐는 식으로 의식이 음주에만 집중되었다. 이래서는

비노에 관한 지식을 늘려서 다른 사람들과 비노에 관한 대화를 나누기는 어려울 수밖에 없다.

한편, 전혀 상반되는 내용이지만 비노를 즐기는 데 쓸데없는 지식 따위는 필요 없다는 생각도 들었다. 지식을 습득해야 할 필요성을 느끼기는 하지만 사실은 혀나 몸이 기억을 하는 것으로 충분하지 않을까.

"프랑스인은 와인을 마시고 영국인은 와인의 지식을 늘린다."

이런 말이 있을 정도로 영국에는 와인의 백과사전으로 불리는, 꽤 비싼 책들이 몇 권이나 출판되어 있다. 또 와인에 관해서 연구하는 학자도 많다.

나는 영국인과는 전혀 다르다. 어떻게든 지식을 늘려보겠다고 생각하지만 아무리 시간이 흘러도 비노에 관한 지식 수준은 더 이상 늘어나지 않았다. 그리고 지금은 와인에 관한 지식 수집을 포기해 버렸다. 그렇기 때문에 프랑스는 물론이고 이탈리아 와인에 관한 지식은 매우 빈약하다. 하지만 맛에 대한 판단력은 꽤 높다고 자부한다. 뇌에는 지식으로 흡수된 것이 없지만 혀와 목이 경험을 통하여 맛을 기억하고 있기 때문이다.

비노에 관해서 자세히 알려면 두 가지 방법이 있다. 하나는 최고의 비노를 마셔보고 비노를 이해하는 방법이다. 이 방법은 경제적으로 무리가 있다. 그래서 나는 또 하나의 방법을 선택했다. 일단 많이 마셔보는 것이다. 비노를 이론적으로 분석하는 것보다 몸으로 깨우치는 것이다.

어느 날, 신기한 사실을 깨달았다. 식생활의 변화 때문에 발생하는 영향인지는 모르겠지만 나의 체취가 비노의 냄새로 바뀐 것이다. 땀에서까지 비노의 냄새가 풍겼다.

그렇게 체취가 변하기 시작했을 때, 이웃주민들이 나의 코끝을 가리키며 '코가 빨갛게 변했다'고 놀리기 시작했다. 나는 늘 비노가 들어 있는 술병을 들고 다녔고 틈만 있으면 근처의 바에서 술잔을 기울였다. 따라서 마을사람들에게 그런 놀림을 받는 것도 이상한 일은 아니었다.

그리고 실제로, 그 당시의 내 코는 조금씩 붉어지고 있었다. 하지만 지금은 원래의 상태로 되돌아 왔다.

제2장 아시아편

건배!
요우!
마부헤이!

"How dry I am"

고압전류가 흐르는 듯한
라압의 여운

타이 ★ 메콩위스키(Mekong Whiskey)

탁탁탁탁, 탁탁탁탁······. 벌써 30분. 마치 청룡도처럼 거창하게 생긴 두 개의 식칼을 사용하여 쇠고기를 다지는 소리가 좁고 긴 어두운 가게 안에 울려 퍼진다. 치앙마이(Chiang Mai)의 와로롯마켓(Warorot Market)에 위치한 케우 씨의 가게다.

나는 이산(Isan: 타이 동북지방)의 대표적인 요리인 라압(Laap, 라브 Larb 라고도 함)을 맛보기 위해 15명 정도의 손님들과 함께 이 가게 안에 앉아 있다. 손님들은 식탁 앞의 검붉게 다진 고기를 오른손 손가락 끝으로 쥐고 같은 오른손으로 둥글게 만 카오니아오(Khaoniao: 찹쌀밥)와 함께 먹

109

고 있다.

　라압은 입안이 터질 정도로 맵다고 한다. 얼마나 맵기에 그런 비유를 하는지 호기심에 이 가게까지 찾아온 것이다. 자세히 살펴보니 이 타이식 타르타르(Tartare)는 붉게 응고된 피까지 함께 섞어 다지는 듯했다.

　탁탁탁탁…. 말발굽처럼 경쾌하면서도 리드미컬한 음향.

　아, 그렇다. 이 일대는 무논이 많기 때문에 주민들이 모두 농경민족일 것이라 생각했는데 사실은 몽골 등의 침략에 의해 기마민족의 생활습관에도 영향을 받았을 것이다. 고기를 날로 먹는 것이 그 증거인지도 모른다. 그리고 식칼을 사용하여 고기를 다지는 리듬도 농경민족의 리듬이 아니다.

　조금 전부터 두 개의 식칼을 사용하여 리드미컬하게 고기를 다지던 이곳 주인 케우 씨가 다진 고기를 접시에 담자 젊은 아가씨가 그 접시를

받아들었다.

날고기를 다지는 이 작업을 하루에 몇 번씩 반복하는 듯하다. 냄새만 맡아도 코끝이 얼얼해질 정도의 매운맛이 진동하지만 미리 다져놓지 않고 사용할 때마다 다지는 이유는 신선한 라압을 대접하기 위해서일 것이다.

라압을 가지고 온 아가씨에게 어떤 재료가 들어갔느냐고 묻자 즉시 '고추'라고 대답한다. 아까 고기를 다지기 전에 커다란 숟가락으로 몇 번이나 퍼 넣는 모습을 보았다. 아가씨는, 다진 팍치(Phak Chii : 고수)잎, 팍치 씨, 파, 소금, 넘플라(Num Pla. 魚醬 : 타이에서 조미료로 이용되고 있는, 생선을 소금에 발효시켜 만든 간장), 그 밖에 몇 종류의 향신료도 들어갔다고 설명해 준다. 그 밖의 향신료가 무엇이냐고 물어보니 그것은 비밀이라면서 더 이상은 가르쳐주지 않았다.

눈앞에 놓여 있는 검붉은 라압을 집어 입 안에 넣는 순간, 귀 뒤쪽에서 불꽃이 터지는 감각이 느껴졌다. 나는 서둘러 다른 접시에 담겨져 있는 오이, 양배추, 그리고 팍치를 입 안에 쑤셔 넣었다. 타이 요리를 주문하면 늘 이런 야채들이 따라 나온다. 영양의 균형 때문이기도 하겠지만 매운맛을 완화시키라고 따라 나오는 것이다.

그리고 즉시 메콩위스키를 입 안으로 흘려 넣었다. 아침부터 메콩위스키를 마시는 이유는, 15명 정도의 손님들 중 절반 정도가 아침인데도 메콩위스키를 즐기는 모습을 보았기 때문이다.

나는 외국에 가면 그 지역 주민들이 하는 행동을 그대로 흉내 내어 본다. 그렇게 하면 신체를 통하여 막연하기는 해도 동질감을 느낄 수 있기 때문이다.

메콩위스키는 밀이나 귀리가 아니라 쌀로 만들어진다. 쌀로 만든 술과 에틸알코올을 혼합하고 사탕수수를 이용하여 만든 모라세스 슈거(Molasses Sugar. 당밀)로 단맛과 색깔을 입힌다. 강한 단맛이 나는 이유는 그 때문이다. 하지만 단맛에 이끌려 마시기 편하다는 이유로 술잔을 기울이다 보면 자기도 모르는 사이에 만취 상태에 이른다. 그 밖에도 '홍통', '생팁' 등의 알코올이 있지만 뭔가 좀 부족한 느낌이 든다. 하지만 애주가인 나는 알코올이라면 무엇이든 사양하지 않는다는 정신을 갖춘 사람이다. 그래서 그다지 마음이 끌리지 않는 달착지근한 메콩위스키를 컵에 듬뿍 따라 목구멍 안으로 흘려 넣고 라압을 집어 입 안에 넣었다. 참을 수 없는 매운맛! 다시 자연스럽게 메콩위스키로 손이 간다. 정말 잘 어울리는 콤비다.

어슴푸레한 가게 안은 냉방시설도 없다. 술을 마실수록 이마와 몸에서 땀이 방울을 이루며 흘러내린다.

메콩위스키를 마시고 있는 남성들 근처에는 여성들도 몇 명 보이지만 여성들은 술을 마시지 않는다. 무슨 이유 때문인지는 몰라도 타이의 여성들은 드러내놓고 술을 마시지 않는다. 단, 그런 여성들도 태연히 라압을 먹고 카오니아오를 입으로 가져간다. 그중에는 이 매운맛조차 부족하다는 듯 피키누(Pickeenoo : 세상에서 가장 매운 고추)를 집어 입에 털어 넣는 여성도 있다. 직접 보고 있으면서도 도저히 믿기지 않는 광경이다.

피키누는 아무리 작은 조각이라고 해도 접시에 있으면 즉시 제거해버리고 싶을 정도로 전 세계에서 가장 매운 고추의 일종이다. 그런 고추를 여성들이 태연히 입 안에 털어 넣고 있다.

접시에 담겨 있는 것은 기껏해야 한 주먹 정도의 다진 고기. 햄버거와 비교하면 몇 분의 1정도에 지나지 않을 것이다. 아무리 보아도 빈약하기 짝이 없는 요리다. 그래서 소량의 고기로도 만족감을 주기 위해 엄청나게 매운맛을 내는 듯하다. 그 매운맛 때문에 적은 양이지만 메콩위스키의 안주로는 충분하고 카오니아오도 듬뿍 먹을 수 있다.

지금은 숨이 막힐 정도로 무더운 시기. 사람들 대부분이 식욕을 잃는 것이 정상이지만 이 라압을 입 안에 넣는 순간, 고압전류가 흐르듯 맹렬한 자극이 온몸에 퍼진다. 그리고 위와 장이 활발하게 움직이면서 공복감이 밀려온다.

하지만 나는 매운맛에 아무리 익숙해졌다고 해도 라압은 절반도 먹을 수 없었다. 아, 물론 메콩위스키는 깨끗하게 비웠다.

라압의 재료는 쇠고기만이 아니다. 도마뱀, 몽구스, 뱀, 카멜레온, 황소개구리, 코브라, 매미, 개똥지빠귀, 붉은 개미의 알, 쇠똥 아래의 지면에 사는 쿠치라는 벌레, 메기, 원숭이, 땅거미 등, 무엇이건 라압의 재료가 될 수 있다. 정글 안에는 재료가 충분하다.

대부분의 동물이 라압의 재료가 되는 것이다. 그러나 유감스럽게도 내가 먹은 라압은 쇠고기만을 사용한 것이었다.

바나나 숲속의 센미 음식점

타이 ★ 라오 카오(Lao Khao)

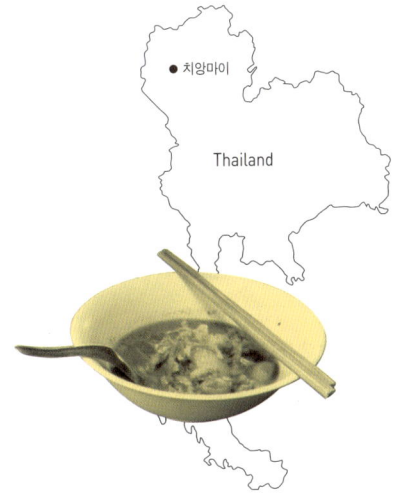

　바나나 숲 안에, 야자잎으로 엮은 멍석 같은 것으로만 둘러싸여 있는 작은 오두막이 보인다. 무슨 오두막일까. 오두막이 불에 타는 것도 아닌데 야자잎 울타리 틈새에서 하얀 연기가 새어나온다. 음식을 만들고 있는가 보다.

　가까이 다가가 보니 그릇에 담긴 센미(쌀로 만든 가느다라 국수)가 그려진 초라한 간판이 당장이라도 밑으로 떨어져 내릴 듯이 입구 위쪽에 걸려 있었다.

　더 가까이 가보니 센미를 파는 음식점이 확실했다. 지금은 안에서 음

식을 준비하고 있었다. 갑자기 묘한 흥미가 고개를 치켜들었다.

 주저하지 않고 안으로 발을 들여놓았다. 수프인지 국인지 하얀 김을 세차게 뿜어내며 무언가가 끓고 있었다. 아궁이에는 야자잎이 불타고 있었다. 하지만 야자잎에 불이 제대로 붙지 않는 것인지, 아궁이에 문제가 있는 것인지 자욱한 연기가 화재 현장처럼 뭉게뭉게 뿜어져 나온다.

 아궁이 앞에 있던 남자는 낯선 남자들이 세 명이나 한꺼번에 밀려들어오자 깜짝 놀란 표정으로 엉거주춤 선 채 멀뚱멀뚱 우리를 바라본다.

 나는 주인으로 보이는 그 남자를 놀라게 한 것이 미안해서 젓가락으로 국수를 먹는 시늉을 해 보였다. 주인남자는 그제서야 굳어 있던 표정을 풀고 미소를 지으며 고개를 끄덕이더니 잠시 기다리라는 몸짓을 해 보인다. 기다리는 동안 맥주라도 마시고 싶어 맥주는 있느냐고 물어보자 고개를 젓는다. 주변을 둘러보니 지저분한 냄비와 플라스틱 컵, 플라스틱 그릇, 젓가락이 꽂혀 있는 수저통 외에는 눈에 들어오는 것이 없다. 아, 아니다. 또 한 가지 눈에 띄는 것이 있다. 거의 찢어져서 떨어질 것 같은 타이 여배우의 포스터. 그 밖에는 아무것도 없다.

물은 있다며 항아리를 가리킨다. 하지만 이 더운 곳에서 생수라니, 당치 않은 말이다. 나는 물은 마시지 않겠다고 몸짓으로 대답을 한다.

주인남자는 난처하다는 표정을 지어 보인다. 잠시 동안, 묘한 침묵이 오두막을 지배했다. 말도 통하지 않는다. 들어왔을 때에는 그를 꽤 나이가 많은 노인이라고 생각했는데 자세히 보니 야위기는 했어도 그 정도로 나이가 많아 보이지는 않는다.

우리가 잠시 오두막을 둘러싸고 있는 야자잎 울타리의 잡초 등을 바라보고 있으려니 주인남자가 머뭇거리면서 병을 내밀었다. 그리고 마시라는 시늉을 해 보이며 금이 가서 하얗게 변한 플라스틱 컵 세 개를 내려놓는다.

그는 병을 가리키며 "라오 카오"라고 말했다.

라오 카오는 타이의 쌀로 만든 소주다. 시판되는 것은 마셔 본 적이 있지만 이 병에는 원래 화장수라도 들어 있었는지 머리카락이 긴 타이 미인의 라벨이 붙어 있다. 아마 밀주일 것이다. 하지만 술의 유혹에 유난히 약한 우리는 즉시 마시겠다고 고개를 끄덕이고는 병을 받아들었다.

세 개의 컵에 따르자 약간 남는다. 주인남자에게도 마시라고 병을 내밀자 싱긋, 미소를 지어 보인다.

그렇다. 이건 그가 마시기 위해 준비해 둔 술이다. 아니, 어쩌면 저녁에 찾아오는 손님들을 위한 것인지도 모른다. 한 모금 들이켜자 목이 타는 듯이 농도가 강하다. 40도 이상은 되지 않을까. 우리가 인상을 찡그리자 주인남자는 재미있다는 듯 웃음을 터뜨린다.

　술은 컵 절반 정도의 분량이라 즉시 바닥이 났다. 아니, 술병 자체가 워낙 작았다. 한 병 더 달라고 부탁하자 주인남자는 밖으로 나가더니 바나나 정글로 들어갔다. 그리고 잠시 후, 술병 세 개를 들고 나왔다. 이번에는 약간 큰 병이다. 내용물을 컵에 따랐다.

　주인남자가 만든 센미도 탁자 위에 놓였다. 센미를 안주 삼아 술을 들이켰다. 젓가락으로 튀긴 마늘을 집어 맛을 보고 한 모금 꿀꺽. 팍치를 씹어 맛을 보고 한 모금 꿀꺽. 쌀국수 같은 면을 몇 가닥 넘기고 한 모금 꿀꺽. 안주로서는 제법 쓸 만한 것들이다.

　테이블 위에는 고춧가루, 설탕, 넘플라, 피키누 초간장 등, 어디에서나 볼 수 있는 조미료들이 놓여 있다. 센미를 먹을 때에 입맛에 맞게 조미를 할 수 있도록 놓아둔 4종 세트다.

　센미를 비운 뒤에 엄청나게 매운 피키누 초간장을 젓가락 끝에 찍어 핥아보고 한 모금 꿀꺽.

점심시간이 가까워지자 손님이 들어왔다.

셴미를 먹으러 왔을 것이다. 이 오두막에는 셴미밖에 없으니까.

찾아온 손님에게도 한 잔 하겠느냐고 술병을 내밀자 흔쾌히 받아들면서 자랑을 늘어놓는다.

"이곳의 라오 카오는 근처 마을에서 만드는 것이기 때문에 정말 맛이 좋습니다."

주인남자도 이제는 우리가 친근하게 느껴졌는지 컵에 술이 떨어지자 직접 술병을 들고 컵을 채우더니 단숨에 들이켜고 한마디 시원하게 내뱉는다.

"알로이!"(맛있다)

잠시 후, 청년 세 명이 들어왔다. 그들에게도 술병을 내밀자 역시 거부하지 않고 받아든다. 술이 떨어지면 주인남자가 즉시 밖으로 나가 새로운 술병을 들고 들어왔다. 그러던 중, 주인과 손님의 구별 없이 한데 어울려 거나한 술판이 벌어졌다.

그 후에는 노인 한 명이 들어왔을 뿐, 더 이상의 손님은 들어오지 않았다. 노인은 술은 마시지 않겠다면서 셴미만 먹고 금방 나갔다. 그 노인이 문을 나설 때, 마치 교대라도 하듯 아주머니 한 명이 들어왔다. 그러자 주인남자는 우리가 들어왔을 때보다 훨씬 더 놀란 표정을 지으며 당황해서 어쩔 줄을 모른다. 이곳 안주인인 듯하다. 주인남자의 컵은 어느새 테이블 밑으로 모습을 감추었다.

손님에게 제공하는 것은 좋지만 자기는 마시면 안 되는 것 같았다. 주인남자의 야윈 체격을 볼 때, 아무래도 알코올 중독 같은 느낌이 들었다. 분위기가 갑자기 어색해졌다. 세 청년의 눈에도 불안감이 감돌았다.

그들은 잠시 눈치를 보더니 말없이 밖으로 나갔다. 우리도 자리에서 일어났다.

꽤 많은 돈을 테이블 위에 놓았다. 가능하면 주인남자가 야단을 덜 맞도록 하기 위해서다. 하지만 우리의 머리도 술 때문에 마비된 상태였다. 주인남자가 야단을 맞건 말건 알 바 아니라는 느낌도 들었다. 벼락이 치건 천둥이 치건 될 대로 되라는 기분. 오히려 주인남자가 아내에게 흠씬 혼쭐이 나기를 기대하는 마음도 있었다.

멀리서 개구리가 요란하게 웃어댔다.

무더운 방, 안타까운 거리감

필리핀 ★ 산미구엘* (San Miguel)

 여느 때와 마찬가지로 아침부터 기온이 오르기 시작한다.
 에르미타(Ermita)에 있는 호텔 근처 도로에서 약간 벗어난 골목에 가격이 저렴한 음식점과 사리사리스토어(Sari Sari Store, 구멍가게), 전당포 등이 잡다하게 모여 있는 장소가 있다. 매일 아침, 그곳으로 향한다.
 음식점의 어슴푸레한 입구에 풍로가 놓여 있고 사람들이 조리를 하는

---

* **산미구엘** San Miguel 필리핀의 제일 유명하고 대표적인 맥주이자 대표적인 수출품으로 100년이 넘는 역사를 가진 맥주. 산미구엘 병뚜껑에는 맥주 가격이 적혀 있다. 필리핀에서 맥주를 주문하면 얼음통과 컵을 함께 준다. 보통 맥주를 얼음과 함께 컵에 넣어 마신다.

모습이 보인다. 이미 조리가 끝난 냄비들도 몇 개 늘어서 있다. 아도보(Adobo. 익힌 고기, 신맛이 강하다)일 것이다. 필리핀 요리는 다른 동남아시아의 요리처럼 향신료나 고추를 별로 사용하지 않는 대신 신맛이나 단맛이 강한 요리가 많다. 아도보도 신맛이 강한 고기요리다.

여느 때처럼 햇살이 비치지 않는 테이블에 자리를 잡고 앉았다. 주인여자는 내가 들어서면 항상 타갈로그어(Tagalog語)*로 말을 건다. 나는 무슨 말인지 알아듣지 못하지만 전혀 신경 쓰지 않는다. 거의 매일 그 말을 듣다 보니 이제는 어느 정도 알아들을 수 있을 것 같은 느낌도 든다.

"거기, 앉아도 돼요?"

누군가가 말을 건네왔다.

"아, 네."

반사적으로 대답했다. 다음 순간, 그 말이 일본어라는 사실을 깨닫고 약간 놀랐다. 테이블은 두 개밖에 없다. 또 하나의 테이블은 눈이 부실 정도로 햇살이 비치고 있었다. 젊은 여자다.

"일본인은 이런 곳에 음식을 먹으러 오지 않아요."

여자가 말한다. 그리고 주인여자에게 타갈로그어로 무엇인가 이야기를 건넨다.

"당신은 무슨 일을 하나요?"

또 날아오는 질문.

---

* 타갈로그어Tagalog語 필리핀에서 가장 널리 사용되는 말레이폴리네시아어파의 언어이다. 타갈로그어의 표준어는 필리핀어라 불리면서 필리핀의 국민언어이며, 영어와 함께 공용어로 쓰인다.

"아무것도."

내 대답에 싱긋이 웃는 여자.

"당신은?"

"데라살(De La Salle) 대학에서 일본어를 공부하고 있어요."

나는 깜짝 놀란다.

"정말이요? 대단하군요."

그러자 그녀는 다시 숨을 죽이듯 나지막이 웃음을 터뜨린다.

"바보하고 돈이 없는 사람은 대학에 갈 수 없어요."

어쨌든 꽤 유창한 일본어.

"아무리 대학에서 공부한다고 해도 너무 유창한데. 다른 곳에서 배우지는 않았나요?"

"가라오케 바에서 일했어요. 그런데 맥주 안 마셔요?"

그녀가 갑자기 술 이야기를 꺼낸다.

주문을 하자 주인여자는 이웃에 있는 구멍가게로 가서 녹색의 산미구엘(맥주) 병을 몇 개 들고 들어온다. 하지만 미지근하다. 그 때문에 이곳에서는 얼음을 넣어 마신다고 한다. 술이 앞에 놓였으니 이제는 뭐가 어떻게 돌아가건 상관이 없다.

그녀의 이름은 클라우디아라고 했다.

주인여자가 가져 온 맥주가 바닥이 나자 부족한 느낌이 들었다. 그래서 주문을 하려 했더니 그녀가 말린다.

"방으로 가지 않을래요? 방에서 마셔요. 친구도 있으니까 재미있을 거예요."

친구라니. 혹시 이상한 형님이라면 봉변을 당할 수도 있는데…. 하지

만 그녀는 그렇게 음침한 분위기를 풍기지는 않는다.

"맥주 사 올게요. 돈 주세요."

나는 맥주가 들어 있는 비닐봉투를 손에 들고 그녀와 함께 어슴푸레한 계단을 올랐다. 방은 세 평 정도. 한 침대 위에 친구라고 말했던 여자가 잠들어 있다. 클라우디아가 미소를 지어 보인다.

"괜찮아요. 피곤해서 잠에 빠졌으니까."

방에는 주방도, 화장실도, 샤워시설도 없다. 가구다운 것은 두 개의 침대뿐이고 캐릭터인형 몇 개가 뒹굴고 있다. 전기제품은 텔레비전과 선풍기뿐이다. 작은 창문에 쇠창살이 보인다.

바닥에 산미구엘을 내려놓고 술잔을 기울이기 시작했다. 하지만 그것도 즉시 바닥이 났다.

"제가 사 올게요."

클라우디아의 말에 돈을 건네주자 그녀는 즉시 밖으로 나갔다.

눈앞에 또 한 명의 여자가 잠들어 있다. 가끔씩 몸을 뒤척이는데 티셔츠와 팬티뿐, 거의 벌거벗은 상태에 가깝다.

그건 그렇고, 밖으로 나간 클라우디아가 좀처럼 돌아오지 않는다. 어떻게 된 것일까. 점차 불안해진다. 만약 이 여자가 잠이라도 깨서 눈앞에 이상한 남자가 앉아 있는 모습을 본다면 어떻게 생각할까 —.

왠지 기분이 이상했다. 혹시 함정에 빠진 것은 아닐까. 필리핀에서는 무슨 일이건 일어날 수 있다. 이상한 범죄도 끊이지 않고 발생한다. 경찰이 관광객의 주머니에 강제로 마약을 집어넣고 마약 혐의로 체포했다는 이야기도 들은 적이 있다. 살인도 얼마든지 일어날 수 있는 곳이다. 그렇다면 이건 새로운 범죄 수법인가. 취기가 서서히 가시는 듯했다.

눈앞의 여체에서 발산되는 무방비 상태의 에로티시즘과 기묘한 공포가 함께 어우러지면서 괜히 몸이 으스스해졌다.

흠칫, 무슨 소리가 들렸다. 고개를 돌려보니 클라우디아가 비닐봉투를 들고 서 있다. 미소를 띤 순진한 표정.

"이것저것 사 오느라 늦었어요."

비닐봉투에서 음식들을 꺼낸다. 나는 괜한 걱정을 하고 있었던 탓에 한마디 해주려 했지만 쉽게 말문이 열리지 않았다.

"이건 튀김, 이건 소시지, 이건 돼지고기 통구이. 아, 배고파. 맥주만 마시면 몸에 안 좋아요."

생각해 보니 그녀는 나를 만난 이후, 루가우(Lugaw)라는 죽밖에 먹지 않았다.

우리의 말소리가 시끄러웠는지 잠을 자던 여자가 깨어났다. 그러자 두 사람은 타갈로그어로 무엇인가 대화를 나눈다. 무슨 내용인지 알 수 없지만 웃음을 터뜨리며 즐겁게 이야기를 나눈다. 그리고 침대에 걸터앉더니 "안녕하세요."라고 일본어로 인사를 한다. 그녀도 일본어를 할 줄 아는 모양이다.

"마시겠습니까?"

"좋아요."

그녀는 사양하지 않았다. 또 한 여자의 이름은 아이코 멜렌데스라고 했다. 산미구엘 병을 따서 건네자, "아빠는 일본사람이에요."라고 말하더니 내 대답은 기다리지도 않고 "자, 건배!"라고 외치며 내 손에 들려 있는 술병에 가볍게 부딪히고 단숨에 한 병을 비운다.

셋이서 바닥에 앉아 침대에 등을 기대고 술을 마셨다. 아이코는 이제 막 잠에서 깬 상태인데도 거부감 없이 우리의 튀김과 비슷한 필리핀 튀김을 집어 먹는다. 그리고 역시 튀긴 것으로 보이는 마늘과 고추와 소시지도 맛있게 먹는다. 나도 튀김을 먹어보았다. 맥주와 꽤 잘 어울린다. 맥주가 또 바닥을 드러냈다.

아이코가 바닥에 뒹굴고 있던 진바지를 입더니 돈을 달라고 손을 내민다. 주머니에 들어 있는 돈을 꺼내 건네주자 밖으로 나간다.

조금 전부터 계속 덥다고 반복하던 클라우디아는 물이라도 끼얹어야겠다면서 방을 나갔다. 그리고 잠시 후, 목욕용 타월을 두른 채 방으로 들어왔다.

"아, 시원해."

정말 시원한 듯, 한마디 던지더니 목욕용 타월을 벗고 기대온다. 시원한 피부의 감촉이 티셔츠를 통하여 내 몸에 느껴진다.

"아이코는 한 시간 뒤에나 들어올 거예요. 걱정하지 않아도 돼요."

　그녀들은 남자가 오면 서로 배려를 하여 그 시간 동안 밖에서 시간을 보내는 듯했다. 나는 피부에 전해지는 시원한 감촉을 느끼면서 클라우디아의 목에 맺혀 있는 물방울을 보고 있었다.

　그때, 발자국 소리가 들렸다. 아이코가 맥주를 사 들고 돌아온 것이다. 클라우디아는 놀란 듯했지만 즉시 옷을 걸치고 맥주병을 따더니 아무 일 없었다는 듯 들이켜기 시작한다.

　"빨리 마시고 싶지요?"

　아이코도 그렇게 말하고 다시 맥주병을 입으로 가져간다. 하지만 클라우디아는 곧 졸기 시작했다. 어젯밤부터 잠을 못 잤다면서 비틀비틀 침대로 가서 눕더니 즉시 잠이 들었다.

　나는 아이코와 비밀 이야기를 하듯 작은 소리로 대화를 나누면서 와인 테스트라도 하는 것처럼 천천히 맥주를 마셨다.

선풍기 바람은 클라우디아에게로 향해 있었기 때문에 약간의 바람이 나의 젖은 몸을 스쳐갈 뿐이다. 잠깐 시원한 느낌이 들기는 하지만 곧 후텁지근한 공기로 바뀌어 선풍기 바람이 없는 것보다 더위가 더 느껴졌다.

아이코의 갈색 가슴 언저리에 땀이 흐르고 있었다. 하지만 가까이에 있는 두 사람은 왠지 안타까움이 느껴질 정도로 멀게만 느껴졌다.

꿈틀거리는
하얀 벌레와 함께
야자주를 꿀꺽!

인도네시아 ★ **뚜악**(Tuak)

그다지 넓지 않은 무논이 마치 한 장씩 겹쳐서 쌓아놓은 것처럼 산 정상까지 펼쳐져 있다. 아름답기도 하지만 쌀을 생산하여 그 쌀을 주식으로 삼아 온 민족의 쌀에 대한 강렬한 집착에 저절로 머리가 숙여진다.

인도네시아에는 관광객이 일부러 관광을 하러 갈 정도의 그런 라이스테라스(계단식 논)가 몇 개나 있다. 그중의 하나인 라이스테라스를 보러 가기로 했다.

그리고 이왕 관광을 할 바에는 발리에도 있다고 하는 야자주(椰子酒)도 마셔보기로 했다. 발리에서는 야자주를 뚜악이라고 부른다. 하지만 덴파사르(Denpasar)에서는 그 뚜악을 좀처럼 찾을 수 없었다.

뚜악을 증류한 술은 있다고 해서 그게 뭐냐고 물어보았더니 알락(Arrack)인데 꽤 독하다고 한다. 그 알락을 마시는 것도 나쁘지 않지만 나는 말 그대로 '야자주'를 마시고 싶었다. 그래서 일단, 라이스테라스가 있는 마을까지 가는 도중에 야자주를 파는 곳이 있는지 찾아보기로 했다.

이제 뚜악은 도시에서는 마실 수 없다. 다른 다양한 술 종류가 워낙 많이 나와 있기 때문에 인기가 별로 없다. 특히 젊은 사람들은 거의 마시지 않는다.

사실 거리에 있는 상점의 선반 위에는 위스키, 진, 워커 등이 눈에 띈다. 물론, 다양한 종류의 맥주도 여기저기에 쌓여 있다. 이렇게 다양한 종류의 알코올이 넘친다면 예로부터 내려오는 전통주에는 관심이 가지 않는 것이 당연한 현상인지도 모른다.

야자주를 만드는 방법은 간단하다. 사탕야자의 꽃을 제거한 꽃부리를 굵은 대나무 통에 찔러넣어 수액을 채취, 거기에 효모균을 섞는다. 만약 효모균이 없다면 그대로 방치해두는 것만으로도 며칠 만에 알코올 농도가 낮은 술이 만들어진다.

호텔에서 잔디를 깎는 일을 하고 있는 마데에게 함께 가자고 유혹하여 야자주를 찾아보라고 부탁했다. 라이스테라스로 가는 도중에 마데가 야자주를 파는 곳이 있다는 정보를 얻어 왔다. 그곳으로 가보니 작은 잡화점 같은 어슴푸레한 구멍가게 안에서 할머니가 병 두 개를 들고 나왔다. 왠지 비밀스런 분위기가 풍겨서 더욱 흥미가 느껴졌다.

밀주냐고 물어보고 싶었지만 함께 와준 마데는 물론이고 운전을 맡아준 이다도 발리의 현지어 이외에는 구사할 줄 모르기 때문에 통역을 하기가 어려웠다.

할머니는 '몇 병이나 마시겠냐'는 식으로 병을 가리키며 하나, 둘, 셋, 손가락을 세어 보인다.

나는 '독하냐?'는 의미로 술을 마시고 취하는 모습을 연출해 보였다.

할머니는 '전혀 독하지 않다'고 손을 내젓는다. 나는 다섯 병을 달라는 의미로 손가락을 쫙 펴서 내밀어 보였다. 할머니는 안쪽으로 들어가더니 세 병을 더 들고 나왔다. 아까 할머니에게서 건네받아 마데가 들고 있는 두 병과 합하면 모두 다섯 병이다. 그러나 뚜악만 마실 수는 없는 노릇.

안주가 있어야 술도 있다.

술안주로는 당연히 통닭이다. 그렇다면 사테(Sate : 인도네시아의 꼬치요리)가 적당할 것이다. 마침 그 구멍가게 옆에서 연기가 피어오르고 있다.

 가까이 가보니 통통한 체격에 귀여운 느낌을 주는 여인이 야자잎으로 엮은 부채로 부채질을 하면서 사테를 굽고 있다.

 30개를 구입했다. 닭고기는 없고 돼지고기와 염소고기뿐이었다.

 이곳은 힌두교도가 많기 때문에 쇠고기가 없다. 단, 발리의 힌두교도는 인도와 달리 쇠고기를 먹는 사람도 있다. 그리고 이슬람교도도 살고 있기 때문에 쇠고기 사테를 파는 곳이 있다.

 사테만 가지고 가기에는 왠지 섭섭한 느낌이 들어서 바로 옆에 있는 와룽(Warung : 인도네시아의 소규모 식당)으로 가서 닭튀김과 야채, 삶은 고기를 구입했다.

 돗자리를 빌려 자동차에 싣고 라이스테라스로 향했다. 험준한 산과 그 사이에 있는 깎아지른 듯한 계곡이 야자 숲 너머로 보였다. 무논이 층층으로 겹친 모습으로 파란 하늘을 향해 뻗어 있었다. 산 정상에 있는 무논에는 물을 어떻게 대고 있는지 신기할 뿐이다.

우리는 그 라이스테라스가 보이는 장소에 자리를 잡고 빌려 온 돗자리를 펼쳐 놓은 다음에 사테와 닭튀김 등을 늘어놓았다. 그리고 음식을 둘러싸듯 자리를 잡았다.

병뚜껑을 열자 이다는 검은 손바닥으로(색깔이 검은 것이 아니라 지저분해서 검게 보이는 손으로) 병 입구를 한 바퀴 닦아서 내밀었다. 마시라는 의미이다. 지저분한 손이 마음에 걸려 약간 꺼림칙하기는 했지만 그런 사소한 부분에까지 신경을 쓴다면 여행을 계속할 수 없고 먹고 마시는 것은 포기해야 한다.

병 바닥에서는 작은 기포들이 수없이 올라오고 있었다. 한 모금 들이켰다. 약간 신맛이 느껴지고 기포 때문에 쩡한 기분이 들지만 마시기에 힘이 들 정도는 아니다.

잔을 비우고 한 잔 더 마시기 위해 손을 뻗었을 때, 뭔가 하얀 물체가 병 속에서 기포와 함께 오르내리고 있었다. 벌레였다. 꿈틀거리는 그 벌레를 가리키며 고개를 갸웃거리자 운전을 담당한 이다가 "이 벌레가 없으면 맛이 없습니다." 하면서 벌레를 가리키며 엄지손가락을 세워 보였다. "최고!"라는 의미다.

그리고 하얀 벌레를 술과 함께 삼키더니 맛있다는 표정을 지어 보인다. 왜 벌레가 있어야 맛이 있는 것인지 물어보고 싶었지만 말이 통하지 않아 더 이상 물어보지 못했다. 어쨌든 이해하기 어려웠다.

한 잔을 더 들이켠다. 달콤한 음료수에 식초를 섞은 것처럼 찡한 느낌이 드는 맛. 어차피 시작한 것, 결국 다섯 병을 모두 비웠다. 위장 속에서 몇 백 마리의 하얀 벌레들이 꿈틀거리며 춤을 추고 있을 것이다.

마데는 알코올 도수가 강한 알락도 병에 입을 대고 그대로 나발을 불었다. 나도 그 흉내를 내어 마셨다. 그리고 사테를 한 입, 다시 알락, 그리고 사테….

사테는 차갑게 식어버렸다. 식으면 맛이 떨어진다. 하지만 위장 속에는 벌레밖에 없다. 이래서는 공복상태나 마찬가지이기 때문에 몸에 무리가 생긴다. 그래서 제 맛을 잃은 사테를 억지로 쑤셔 넣었다.

어느 틈에 해가 지고 땅거미가 밀려왔다. 조금 전까지 라이스테라스에서 일을 하고 있던 농부의 모습은 더 이상 보이지 않는다. 달도 얼굴을 내밀었다.

밤하늘 아래 층 지어 늘어서 있던 라이스테라스가 어둠 속에서 또 다른 세계를 펼쳐 보이고 있었다.

부화 직전의 오리알 '빗론'을 먹다

베트남 ★ 비아 허이(Bia Hoi)

공원처럼 넓은 광장 입구 근처에 다양한 음식들을 팔고 있는 여자들의 모습이 보인다. 그들 대부분이 이동이 가능한 멜대를 짊어지고 장사를 하고 있다.

멜대 한쪽에 풍로가 있고 그 위에 나무찜통이 놓여 있다. 다른 한쪽의 바구니에는 조류의 알 백 개 정도 들어 있다.

바구니 안의 알은 달걀보다 크고 껍질은 약간 푸른색을 보인다. '빗론(Vit lon)'이다. 약 8년 전에 필리핀에서 발롯(Balut)이라고 불리는, 빗론과 같은 부화하기 직전 상태의 오리알을 먹어 보려 했지만 투계를 구경하

느라 먹을 기회를 놓쳐버렸다. 그런데 지금 눈앞의 바구니에 들어 있는 것이 바로 그 발룻과 똑같은 부화 직전의 오리알이다.

고등학생 정도로 보이는 소녀가 멜대 옆으로 다가갔다. 그러자 아주머니는 나무 찜통에서 오리알을 꺼내 밥공기보다 약간 작은 그릇에 넣고 마늘에 볶은 자우무옹(Rau Muong : 공심채)을 얹어서 소녀에게 내밀었다.

소녀는 풍로 옆에 그 오리알을 두드려 깬 다음 껍질을 벗긴 다음에 약간의 소금과 느억맘(Nuoc Mam : 어장 魚醬)을 뿌렸다. 아니, 어쩌면 이 일련의 행위는 빗론을 팔고 있는 아주머니가 한 것인지도 모른다. 이 부분은 기억이 애매하다.

소녀는 무릎을 꿇고 쭈그려 앉아 스푼으로 오리알을 깨서 먹기 시작했다. 그 오리알은 틀림없는 빗론이다. 나도 즉시 옆으로 다가가 아주머니에게 빗론 한 개를 주문했다.

빗론이 들어 있는 그릇을 받아들고 광장에 비어 있는 테이블이 없는

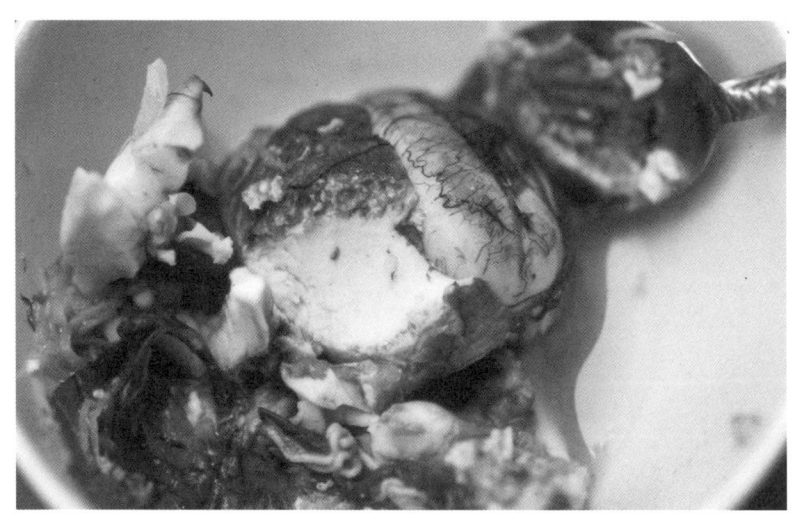

지 둘러보았다. 그 공원은 맥주를 마실 수 있는 시설이 갖추어져 있었기 때문이다. 안쪽으로 약간 들어간 장소에 빈자리가 보였다. 그곳으로 가서 자리를 잡고 앉아 다른 사람들이 마시고 있는 맥주를 주문했다.

둘러보니, 각 테이블 위에는 다양한 음식들이 놓여 있다. 모두 비아 허이(생맥주)의 안주로 이용하기에 적당한 것들 뿐이다. 그리고 그 대부분이 이 공원 주변에서 장사를 하는 아주머니들에게서 구입한 음식들이다. 그중에는 빗론을 먹고 있는 사람도 꽤 많이 눈에 들어온다. 빗론은 여성들이 즐겨 먹는 음식이라고 한다. 물론, 남자들도 술안주로 먹기는 하지만, 약간 큼직한 상처투성이의 플라스틱 컵에 담긴 비아 허이가 테이블 위에 놓였다. 거품을 장식으로 이용한 듯 절반 이상이 거품이다. 이것이 하노이의 비아 허이다.

한 모금 들이켜고 빗론을 자세히 관찰했다. 찐 오리알의 흰자위 부분에 부화하기 직전인 듯, 거무스름한 깃털이 가느다란 바코드처럼 달라

붙어 있다. 알루미늄 스푼으로 오리알을 부수었다. 올챙이처럼 생긴 머리와 가느다란 목이 둥근 노른자 안에서 부러진 채 튀어나왔다. 그 안쪽에는 다리 같은 것도 보인다. 부화하기 사흘 전에 해당하는 오리알이 맛이 최고라고 한다. 알루미늄 스푼으로 떠먹어 보았다. 찐 오리알의 가벼운 유황냄새와 간의 고소한 맛이 느껴진다. 찔 때에 배어 든 즙과 느억맘이 섞여 썩 괜찮은 맛이다. 아니, 최고의 수프다.

비아 허이를 마신다. 도수가 정말 약하다. 이스트균의 향기가 희미하게 풍기기는 하지만 어딘가 부족한 느낌이다.

빗론을 먹다보니 뼈 같은 것이 느껴진다. 간과 육질의 맛도 있다. 흰자위의 순 단백질과 노른지위가 좀 더 복잡한 영양소로 변화했기 때문일까. 그렇다면 그냥 조리한 오리알보다 이 빗론 쪽이 더 영양이 있지 않을까.

부화하기 직전의 오리알을 먹는 나라는 베트남이나 필리핀만이 아니다. 중국의 광주(廣州)에서는 '계자단'(鷄仔蛋)이라고 하고 해남성(海南省)에서는 '반천적'(半天吊), 강남성(江南省)에서는 '희단'(喜蛋)이나 '파태단'(破胎蛋), 또는 '활단'(活蛋)이라고 부른다. 한자 국가답게 문자를 보는 것만으로도 오리알 내부의 상태나 그것을 먹을 때의 기분을 쉽게 연상할 수 있다.

그중에서 재미있는 이름이 '모단'(毛蛋)이다. 북경 등의 북쪽 사람들이 그런 이름으로 부른다. 원래는 남쪽의 음식이라고 한다.

그 밖에 타이에서도 '카이한한'이라고 하는데 역시 이와 똑같은 부화 직전의 오리알이다. 오리알 끝에 구멍을 뚫어 소금, 후추 등을 뿌리고 일단 그 안에 있는 국물을 마신 다음에 껍질을 벗기고 먹는다. 단, 아무리 맛이 있다고 해도 깃털은 뱉지 않을 수 없다. 기분 나쁘다고 생각하는 독자도 있을지 모른다. 하지만 왜 부화 직전의 오리알을 먹게 되었는지 상상해 보면 재미있다.

처음에 먹어 본 사람은 역시 용기가 필요했을 것이다. 어쩌면 먹을 것이 없어서 배가 고파 먹기 시작한 것이 아닐까. 또는, 호기심 많은 사람이나 음식에 유난히 애착이 강한 사람이 시도해 보았을 가능성도 있다. 내기를 했다가 져서 그 벌로 억지로 먹은 것이 시초가 되었을 수도 있고 오리알을 구입했는데 마침 부화 직전 상태였고 그냥 버리기도 아까워서 먹어 보았을 수도 있다. 정말 다양한 상황을 상상해 볼 수 있다.

어쨌든 빗론은, 먹어 보면 상상 이상으로 맛이 좋다.

아, 또 먹고 싶다.

코끝이 찡, 톡 쏘는 맛이 일품, 베트남 쌀 막걸리

베트남 ★ 르우껑(Ruou can)

논두렁길에서 한 남자를 만났다. 남자는 꽤 술에 취해 있었다. 베트남 남성들은 낮부터 술을 마시는 경우가 흔하다. 어제도 논에서 일하는 무소를 구경하고 있는데 강가에서 고래고래 소리를 지르는 남자가 있었다.

논두렁길에서 만난 이 남자도 통나무를 적당히 쓰러뜨려 만든 다리를 비틀거리며 건너오더니 날카로운 시선으로 이쪽을 노려보며 알아들을 수 없는 말을 하며 시비를 걸었다. 처음에는 나도 정중하게 대했지만 주정뱅이는 어느 나라에서건 마찬가지, 점차 성가시다는 생각이 들었다.

나는 술을 전혀 마시지 않은 상태다. 그래서 그 남자를 무시하고 걸음을 옮겼다.

잠시 마을을 걷고 있으려니 마을사람 몇 명이 모여 있는 광경이 눈에 들어왔다. 우리가 그곳에서 이리저리 뛰어다니는 닭을 촬영하기 시작하자 계속 뒤따라오면서 중얼거리던 그 주정뱅이가 사라지더니 잠시 후에 멋진 닭을 끌어안고 다시 나타났다.

기름을 바른 듯 깊은 녹색의 꽁지털을 늘어뜨린 멋진 닭이다. 주정뱅이는 두 손으로 그 닭의 몸통을 잡더니 마당에서 뛰어다니던 다른 닭의 얼굴에 가까이 갖다 댔다. 마당에서 뛰어놀던 닭도 투계용 닭인 듯하다.

두 마리의 닭은 목 주변의 깃털을 잔뜩 곤추세우고 목을 길게 앞으로 뻗더니 부리를 이용하여 서로의 머리를 공격하려 한다. 남자가 품에 안

고 있던 닭을 내려놓는 순간, 두 마리의 닭은 공중을 날아다니며 발톱으로 서로를 공격하기 시작했다.

깃털이 사방에 흩날렸다. 그때 또 한 명의 남자가 재빨리 닭을 붙잡아 두 마리를 떼어놓았다. 짧은 시간이었다. 더 이상 싸우게 하면 어느 한 쪽이 심각한 부상을 당할 것 같았다. 싸움은 순식간에 중단되었지만 주정뱅이 덕분에 멋진 투계 장면을 구경할 수 있었다.

주정뱅이는 계속 자신을 촬영하라고 매달린다. 이럴 때에는 철저하게 맞상대를 해주거나 무시하는 것이 가장 좋은 방법이다. 하지만 말이 통하지 않는다. 통역을 담당하고 있는 구엔도 난처한지 제대로 통역을 해주지 않는다.

일단, 필름이 떨어진 카메라가 있어서 그 카메라를 손에 들고 촬영을 하는 척하면서 이쪽으로 와라, 저쪽으로 가라, 하는 식으로 정신없이 움직이게 했더니 어지러웠는지, 아니면 시시해졌는지 바나나 나무 아래로 다가가더니 맥없이 쭈그려 앉는다. 그제야 우리는 그 주정뱅이와 손을 흔들며 헤어질 수 있었다.

 이 마을로 들어오기 전, 배에서 내린 장소에 위치한 집에서 작업을 하는 노인이 있었다. 그 집 앞을 다시 지나치자 노인이 오라는 손짓을 했다. 노인은 우리가 이 마을에 처음으로 찾아온 일본인이라고 하며, 차를 마시고 가지 않겠느냐고 했다.

 우리는 마당 앞의 의자에 자리를 잡았다. 굳이 서두를 필요는 없었다.

 차를 음미하고 있는데 노인이 투명한 액체가 가득 들어 있는 컵을 가지고 왔다. 아무래도 노인은 차를 마시는 것보다는 술 대접을 하려고 우리를 부른 것 같았다. 통역을 담당하고 있는 구엔도 있으니까 말은 통한다.

 특별히 예정은 없지만 오늘은 칸토(Can Tho)를 출발하여 페리에 차를 싣고 메콩 강을 건너 호치민(옛 사이공)까지 가야 한다. 차를 고용했으니까 시간은 늦어도 상관없지만 썰물이 되면 작은 강은 깊이가 얕아지기 때문에 가능하면 빨리 배를 타고 큰 강으로 나가야 한다고 구엔이 설명을 해준다. 상황을 설명하자 노인은 한 잔만 더 하고 가라고 한다. 술이 취한 사람은 상대하기가 힘들다. 나는 노인과 함께 단숨에 컵을 비웠다.

 지류에 해당하는 강가는 물이 줄어들어 갈색의 늪이 보였다. 그대신 강가에 쳐놓은 그물에는 작은 물고기들이 걸려 햇살 아래에 반짝이며 빛나고 있었다. 아까 먹은 느억맘으로 요리한 물고기도 이 강에서 잡았을 것이다. 신선하고 깔끔한 맛은 술안주로 제격이다. 하지만 배에 오르자 배가 흔들리는 것인지, 취기 때문에 몸이 흔들리는 것인지 구분하지 못할 정도로 취기가 올랐다.

배가 본류로 들어서는 순간, 상쾌한 바람이 느껴졌다.

＊ ＊ ＊

호치민으로 돌아와 작은 가게로 들어섰다. 자리에 앉자 옆에 있던 노인이 개인적으로 들고 다니는 듯한 페트병 안의 하얀 액체를 사발에 따라 마시기 시작했다. 혹시 탁주가 아닐까. 쌀로 만드는 가장 원시적인 술이니까 베트남에도 얼마든지 있을 수 있다.

약 45년 전의 일이다. 대학생 시절에 값싼 술을 마시게 해주는 신주쿠(新宿)의 선술집에 가면 아무 말 하지 않아도 카운터 아래의 커다란 항아리에 들어 있는 탁주를 꺼내 글라스에 따라 주었다. 당연히 밀주였다. 그러나 주세를 내지 않는 만큼 가격이 쌌다.

한국에도 비슷한 막걸리가 있다. 베트남의 탁주도 마셔 보고 싶다는 생각에 구엔에게 부탁하여 베트남어로 탁주가 있는지 물어보라고 했다. 그러나 주인여자는 다른 술은 있지만 탁주는 없다고 한다. 그 말을 들은 옆자리의 노인이 작은 공기를 손에 들고 마시겠느냐는 시늉을 해 보인다. 그리고 부드러운 미소를 지어보이며 공기에 하얀 액체를 따라 내민다. 나는 뻔뻔스럽게도 즉시 노인 앞으로 다가가 사양하지 않고 공기를 받아들였다.

약간 시큼한 맛이 느껴지면서 어딘가 달콤한, 탁주의 바로 그 맛이었다. 약간의 발포성도 있었다. 이것이 르우껑이라고 불리는 베트남의 탁주라고 한다.

지금도 계속 발효를 하고 있는 중인 듯하다. 코끝이 찡한, 톡 쏘는 맛이 강하게 느껴진다. 노인은 한 잔 더 하라는 식으로 페트병을 내민다. 이번에도 사양하지 않고 한 잔 더 받아들었다.

애주가는 정말 뻔뻔하다. 더 마시고 싶었지만 노인이 가지고 있는 탁주는 페트병에 들어 있는 것이 전부였다. 고맙다는 인사를 하고 우리 자리로 돌아온 뒤에 주인여자에게 술 한 병을 주문해서 3분의 1정도를 마셨다. 남은 술은, 실례인 줄은 알지만 나중에 노인이 마시도록 남겨두기로 했다. 그런데 아까 르우껭을 마시면서 먹은 까록(Ca Loc. 베트남 가물치) 요리에 사용한 도기 냄비를 가지고 싶었다. 주인여자에게 팔지 않겠느냐고 물어보았다. 이것도 나의 버릇이다. 그곳에서 사용한 물건이 좋다. 지저분하고 때로는 파손된 것도 있다. 어떤 것은 색깔이 변했거나 녹이 슨 것도 있다. 하지만….

주인여자는 안쪽으로 들어가 남편에게 물어보고 돌아오더니 신문지에 싼 물건을 테이블 위에 놓았다. 얼마를 드리면 되겠느냐고 물어보자 선물로 그냥 가져가라고 한다. 음식 값으로 충분하다는 것이다. 정말 고마웠다.

음식 값을 지불하고 옆자리의 노인에게 인사를 한 뒤에 음식점을 나서자 주인여자가 술병을 들고 노인에게 다가가 무엇인가 이야기를 하더니 술병을 그 테이블에 내려놓는다.

노인이 술잔을 손에 든 채 이쪽을 바라보았다.

나는 다시 한 번 머리를 깊이 숙여 보이고 밖으로 나왔다.

술 익는 마을 오키나와, 아와모리의 풍요로움

일본 ★ 아와모리(泡盛)

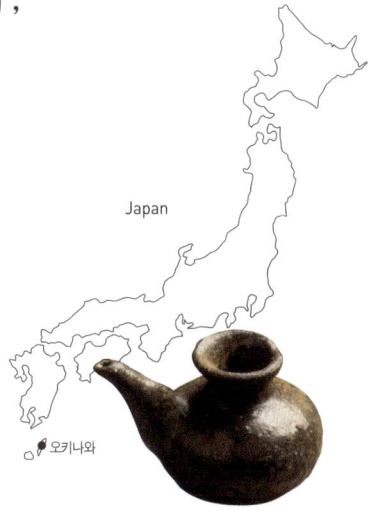

오키나와

살이 꽉 찬 복숭아가 익어가는 듯한 냄새가 풍긴다. 그리운 냄새다.

내가 어린 시절을 보낸 고향 근처에는 양조장이 있어서 겨울이 되면 깨끗하게 닦인 커다란 나무 술통이 살균을 하기 위해 강가의 태양 아래에 얼굴을 드러내고 있었다. 나는 양조장 기술자들에게 들키지 않도록 조심스럽게 그 술통 안으로 들어가 놀았다. 술통 안에 들어가 있으면 태양 빛이 그대로 내리비쳐 졸음이 밀려올 정도로 따뜻하다. 그리고 그 술통 안에서는 복숭아 익는 냄새가 났다.

이곳은 아와모리(오키나와의 전통주. 좁쌀이나 쌀로 만들며 맑고 독함) 소주

를 생산하는 전통 있는 양조장이다.

　공장주임인 우에하라(上原) 씨의 안내를 받아 내부를 둘러보았다. 지금까지 니혼슈(日本酒: 일본 고유의 술)를 만드는 과정은 여러 차례 구경했다. 아와모리 소주가 니혼슈와 약간 다른 점은 니혼슈는 양조를 해서 만들지만 아와모리 소주는 증류를 해서 만든다는 것이다. 증류를 하면 우선 투명한 액체가 나오는데 알코올 도수는 70도라고 한다.

　"그걸 마시면 어떻습니까?"

　"너무 강해서 마실 수 없습니다. 그것을 약화시켜서 평균 40도에서 35도 정도로 만드는 것이지요."

　"그것을 묵히나요?"

　"네. 천천히 가라앉히는 것입니다."

"그렇군요."

"지금은 고슈(古酒)라고 해서 오랫동안 숙성시킨 술이 유행하고 있는데 우리는 50년 전의 소주까지 있습니다. 하지만 3년 정도만 숙성시키면 고슈라고 부르지요. 고슈라는 호칭을 사용해서 팔기 시작한 것은 우리가 처음입니다."

그렇게 말하고는 우에하라 씨가 글라스에 담긴 아와모리를 내밀었다.

"이것이 20년 전의 소주입니다. 여기에는 매실을 넣었는데 노주(老酒)*에 뒤지지 않지요."

한 모금 입 안으로 흘려 넣자 그윽한 향기가 입 안 가득 퍼진다.

"멋진 아페리티프입니다. 부드러운 감칠맛이 느껴지면서도 노주처럼 부담이 느껴지지는 않네요. 양조주와 증류주의 차이겠지요. 이런 아와모리 소주는 처음입니다."

"그럴 것입니다. 이건 보기 드물게 오래된 것이니까요."

그리고 25년이 지난 아와모리 소주도 맛을 볼 수 있었다. 어떻게 표현해야 좋을까. 물처럼 가벼운 투명감이 아니라 인공적인 손길이 더해져 만들어낸 투명감이 느껴진다. 그 때문인지 가벼움과 예리함과 순수함이 동시에 존재하는 묘한 맛이 풍긴다. 그리고

***노주**老酒 찹쌀 등의 곡물과 약초를 재료로 삼는 중국의 양조주를 총칭하는 말. 알코올 도수 14도 정도로, 오래된 것일수록 풍미가 있다. 특히 오래된 소흥주를 가리킨다

몸속으로 퍼지는 순간, 뿌듯한 충족감이 온몸을 감싼다.

"정말 신기합니다. 이 항아리에 넣어두면 항아리 안의 철분이라고 해야 할까요, 그것이 작용해서 희미하게 색깔이 입혀지거든요."

그러고 보니 약간 황갈색에 가깝다.

"항아리는 살아 있습니다. 그래서 어느 항아리에서 숙성시키느냐에 따라 약간씩 차이가 나지요."

그럴 수도 있을 것이다. 와인을 숙성시키는 술통이나 버번을 숙성시키는 술통도 하나하나 각각의 개성이 있으니까.

"그리고 항아리 안에 아와모리 소주를 담아두면 양이 줄어듭니다. 자연스럽게 줄어들지요."

"그렇습니까. 술통 속의 코냑도 줄어든다고 하던데요. 그래서 프랑스인들은 신이 마셨기 때문이라고 표현한답니다."

서서히 취기가 오른다.

아와모리 소주의 원료는 일본의 찰기가 있는 쌀이 아니라 타이의 푸석한 쌀을 원료로 사용하는 쪽이 훨씬 맛이 좋다고 한다. 그리고 검은 누룩을 사용한다고 한다.

"저는 예전에 토란이나 수수로 만든 소주를 마셔본 적이 있는데 향이 꽤 강하더군요."

"당시에도 꽤 좋은 아와모리 소주가 있었습니다만 내륙지방까지는 들어가지 않았던 것 같더군요."

아와모리 소주다운 희미한 향이 풍겨야 제 맛이 난다. 이탈리아의 그라파 역시 마찬가지다.

한 잔 더! 그 오랜 세월 동안 숙성된 아와모리 소주를 한 잔 더 마셔보고 싶었다.

염소찌개는 정말 맛있어!

일본 ★ 워커(Walker)

Japan

오키나와

오키나와의 친구들이 이런 말을 한 적이 있다.
"염소찌개는 정말 맛있어."
"염소찌개가 뭐야?"
내가 궁금해서 물었다.
"염소를 커다란 그릇에 넣고 삶은 거야."
"그래? 맛있겠는데."
"염소, 어디 없을까?"
오키나와 사람다운 맑고 검은 눈이 반짝이며 빛난다.

그로부터 며칠이 지나 그가 두 손으로 끌어안기 힘들 정도로 많은 짐을 들고 우리 아파트로 찾아왔다. 자세히 보니 한 손에는 피가 밴 신문지로 감싼 물건이, 다른 한 손에는 조니 워커가 들려 있다. 당시(1950년대)에는 조니 워커는 구경도 하기 어려운 시절이었다. 오키나와에서는 비교적 쉽게 구할 수 있긴 하지만 그래도 학생의 입장에서는 그야말로 꿈같은 이야기다.

그는 가끔씩 특이한 행동을 하는 친구이기는 했지만 학생 주제에 어떻게 그런 술을 손에 넣을 수 있었는지 정말 궁금했다. 그때까지도 그는 가끔씩 터무니없이 큰돈을 미련 없이 썼다. 염소도 어디에서 입수했는지 알 수가 없다. 피가 밴 신문지를 펼치자 산양의 내장과 살이 듬뿍 들어 있다. 우리는 그것으로 찌개를 끓였다.

냄새가 심했다. 그러나 젊은 우리가 그런 냄새에 기죽을 일은 없다.

냄비에서 피어오르는 강렬한 냄새는 오히려 젊은 식욕을 자극했다. 그리고 냄새를 없애기 위해 요리에 넣은 아와모리 소주 남은 것을 다 마신 탓에 더욱 입맛이 돋았다.

위장이 꿈틀거리는 감각이 느껴질 정도였다. 우리는 완전히 삶아질

때까지 기다리기가 너무 힘들어서 절반 정도 익었을 때부터 먹기 시작했다.

염소고기에 조니 워커까지. 어지간히 취했다.

"냄새가 정말 심하네요. 방에서 뭘 했어요?"

늦잠을 자고 일어나니 바에 다니고 있는 옆방 여자가 꾸짖는 듯한 말투로 말했다.

"염소를 삶아 먹었습니다."

"염소요? 메에, 메에, 하고 우는 염소요?"

"네. 아직 남았는데 먹을래요?"

"좋아요."

여자는 자기 방으로 돌아가 위스키를 가지고 왔다. 그리고 계속 냄새가 심하다고 불평을 하면서도 꽤 많은 양을 먹었다. 우리도 학교에는 가지 않고 낮부터 그녀가 가져온 위스키를 마시며 남은 염소찌개를 모두 비웠다.

정말 엄청나게 많은 양을 먹어치웠다. 그로부터 몇 년 후, 그녀는 염소를 구해 온 그 친구의 아내가 되었다. 나중에, "그때 그 염소, 어디서 구한 거야?"라고 물어보았지만 웃음만 터뜨릴 뿐 대답을 해주지 않았다.

대체 어디서 구한 것일까? 지금도 수수께끼다. 그리고 어떻게 그녀와 결혼까지 하게 된 것인지, 그것도 수수께끼다. 두 사람은 지금도 잘 살고 있다.

오키나와에는 최근, '염소요리'를 전문적으로 취급하는 가게들이 증가하고 있는데 그와는 반대로 사육을 하는 염소의 수는 줄어들고 있다.

　예전에는 어떤 농가에서건 마당이나 집 주변에 자라는 잡초를 제거하기 위해 염소 한두 마리 정도는 키웠다. 잡초만으로 부족할 때에는 근처의 풀을 베어다 먹였고 그 일은 아이들이 담당했다. 하지만 그 후, 사육하는 염소의 수가 줄어들어 지금은 2만 마리 정도에 지나지 않는다. 수가 적으면 가격이 오르는 것이 당연하다. 최근에는 많은 사람들이 염소 요리를 맛볼 수 있도록 사육하는 염소의 수를 늘리려는 움직임도 보이고 있다.

"요즘은 정말 맛보기 힘들어졌습니다."

마키시(牧志) 공설시장의 야마시로(山城) 씨가 한숨을 내쉬었다.

"정말 맛있는데 요즘에는 쉽게 맛보기 어렵지요. 그리고 접시에 얇게 깔아놓은 회만 해도 천 엔이 넘을 정도이니까 가격도 낮은 편은 아닙니다. 하지만 이 음식점은 가격도 싸고 맛도 정말 좋습니다."

그가 말한 음식점은 고쿠사이도오리(國際通)에서 약간 들어간 장소에 위치해 있었다.

주인은 카운터와 토방에 설치되어 있는 테이블 뒤쪽에 위치한 한 평 정도의 작은 방으로 우리를 안내했다.

염소찌개가 나왔다. 큼직한 그릇에 고기뿐 아니라 내장도 들어 있다.

국물을 떠먹고 내장을 씹어본다. 푸른 야채도 보인다. 젊은 여성 종업원이 큰소리로 설명을 해준다.

"이건 쑥이에요. 몸에 약이 된대요. 산양도 자양강장에 좋대요. 잠깐만 기다리세요. 다음 요리가 나오니까요."

그리고 밖으로 나가더니 곧 이어 그녀의 목소리가 음식점 전체를 울린다.

"어서 오세요!"

음식점 안에서는 그녀의 목소리가 쉴새없이 들려온다. 손님이 꽤 많은 편이다. 조금 전에 들어온 남자손님과 이야기를 나누던 그녀가 다시 우리 방으로 들어왔다.

"다마다마짱 드실래요?"

그게 뭐냐고 물어보자 종업원은 "거기요."하고 나가더니 소프트볼보다 약간 작은 염소의 고환을 가져 왔다. 뜻밖으로 매우 크다. 그러고 보니 피카소의 조각에 표현되어 있는 염소의 사타구니에 엄청나게 큰 고환이 매달려 있는 것을 본 기억이 떠오른다.

"이거, 잘라 가지고 올게요."

그녀는 그 말을 남기고 나가서 주방으로 들어가더니 잠시 후에 반달 모양으로 자른 고환을 접시에 담아 가지고 들어왔다. 갑자기 내 사타구니에 통증이 느껴졌다.

"이거, 사진으로 남겨둡시다."

S씨가 말한다. 아와모리 소주 한 잔을 마시고 일단 오키나와의 유명한 생선회를 한 점 먹은 뒤에 고환을 집었다.

"정력이 좋아진대요."

그렇게 말하고, 그녀는 다시 방을 나갔다. 그리고 잠시 후 또 다른 접

시를 하나 가지고 들어왔다.

"이건 오키나와의 두부예요."

"오, 엄청 큰데요. 맛있겠는데."

우리는 입을 모아 칭찬을 했지만 그 말이 끝나기도 전에 그녀는 방을 나갔다. 두부를 안주 삼아 아와모리 소주를 마셨다.

오랜만에 맛보는 맛있는 두부다. 일단 엄청 크다. 20센티미터 정도. 그리고 단단하다.

하와이에서도 맛있는 두부를 먹어 본 적이 있다. 그 두부도 간수 냄새가 심했지만 그런대로 맛은 있었다. 하지만 오키나와의 두부에는 비할 바가 아니다. 오키나와에서는 간수가 아닌, 바닷물을 사용한다고 한다.

"이거, 드셔 보세요."

종업원이 또 두부를 가지고 들어와 테이블 위에 놓는다.

"지금 먹었는데요."

"그것하고는 다른 거예요. 맛있으니까 드셔 보세요. 이건 스쿠가라스(독가시치(Rabbitfish) 젓갈) 두부예요."

두부 위에 작은 물고기가 놓여 있다.

"어린 독가시치가 해변의 미역을 먹기 전에 먼 바다에서 잡아 소금에 절인 거예요. 일종의 젓갈이지요."

확실히 맛이 좋다. 고개를 끄덕이자 종업원은 다시 밖으로 나가더니 또 접시를 가지고 들어왔다.

"염소 회예요. 정력에 좋대요."

껍질이 그대로 달라붙어 있는 산양고기를 얇게 썬 요리다. 껍질은 반투명한 황갈색을 띠고 있다. 염소를 해체할 때에 털을 태웠기 때문인 듯하다. 염소고기를 회로 만들 때에는 버너 같은 화기로 털을 그슬리면 껍질이 질겨진다. 그래서 반드시 짚으로 그슬린다고 한다.

이것 역시 정말 맛이 좋았다. 아와모리 소주가 끝없이 들어간다. 이렇게 다양한 요리를 먹었는데 음식값은 의외로 저렴하다.

"정말 맛있게 잘 먹었습니다."

"네. 맛있게 드셨다니 다행이네요. 또 오세요."

밖으로 나왔다. 입가에는 아직도 염소 냄새가 풍긴다. 하지만 기분 나쁜 냄새는 아니다.

장마철에는 소금뿐인 우루카

일본 ★ 니혼슈(日本酒)

"아저씨, 계세요?"

여느 때처럼 묵직한 어롱을 툇마루에 내려놓는 듯 쿵! 하는 소리가 들린다. 어부 다쓰(辰) 씨는 은어 잡이 금지조치가 해금될 때면 거의 매년 은어를 잡으러 나간다.

툇마루에서 울리는 목소리를 듣고 부엌에서 뛰어나온 어머니의 손에는 한 되 들이 술병이 들려 있다. 당시에는 매우 귀한 손님이나 여성이 찾아왔을 때에나 차를 내놓았고 기술자 등의 일반인에게는 컵에 소주를 따라 대접하는 것이 일반적이었다.

"감사합니다."

인사를 하고 컵을 받아들자마자 다쓰 씨는 단숨에 컵을 비웠다. 그리고 한 잔 더. 그것도 단숨에 비운다.

"고맙네. 올해는 은어가 어때?"

아버지의 목소리가 들렸다. 다쓰 씨가 찾아온 기색을 느끼고 옆에 있는 사무실에서 건너온 것이다. 아버지는 음식에 대해 이러쿵저러쿵 잔소리를 하는 성격은 아니지만 은어와 민물 게에 대해서만큼은 특별했다. 그중에서도 은어의 내장으로 만든 우루카(은어의 알이나 창자로 만든 젓갈)는 아버지가 가장 좋아하는 음식이었다.

우루카는 '潤香'이라고 쓴다. 은어의 내장만을 사용하여 만든 젓갈로 약간 떫은맛이 나기 때문에 '떫은 우루카'라고도 불린다. 그 밖에도 은어를 토막 내어 젓갈로 담근 우루카도 있고 내장과 몸통을 함께 썰어서 젓갈로 담그기도 한다.

'고우루카'는 은어의 알만을 이용해서 만드는 젓갈이다. 또 한 가지, 수컷의 정소만을 이용해서 만든 우루카도 있지만 아버지가 좋아하는 것은 역시 내장만으로 만드는 우루카다.

다쓰 씨는 석 잔째의 소주를 비우고 어머니가 가지고 온 커다란 소쿠리에 노송나무 잎을 깐 다음 어롱을 거꾸로 쏟았다. 그러자 은어들이 폭포가 떨어지듯 소쿠리 위에 쌓였다.

"우루카, 어떻게 됐어?"

몇 시간 전에 소금에 절였을 뿐이라는 사실을 잘 알고 있으면서도 아버지는 그렇게 묻는다.

"아직 비린내가 심해요."

"됐어. 그건 그것대로 맛이 있어."

아버지는 기대감에 부푼 목소리로 어린아이처럼 젓가락까지 빨면서 말한다. 다음날도 저녁이 되자 좀처럼 부엌에 들어오지 않던 아버지가 "우루카, 어떻게 됐어?"라면서 어머니 곁으로 다가간다.

"어제, 담갔잖아요. 벌써 무슨…."

어머니는 그래도 아버지의 마음을 헤아리고 항아리를 가져온다.

당연히 짠맛만 날 것이다. 하지만 아버지는 그 다음날도, 그리고 그 다음날도…. 매일 한 손에 술잔을 들고 젓가락을 핥으며 어머니를 졸랐고 결국 젓갈이 제대로 삭기도 전에 모두 해치워버렸다.

당시의 아버지를 생각하면서 시를 한 수 지었다.

장마철에는,
소금뿐인 우루카,
또 오징어뿐.

나는 이제 당시의 아버지보다 훨씬 더 나이가 들었다.
우루카 다음으로 식탁에 자주 오른 것은 스지코(筋子)다. 스지코는 연어나 송어의 알을 난소막에 싸인 상태로 소금물에 절여 황갈색이 될 때까지 숙성시킨 것이다. 당시에는 냉장고 등이 없었고 설사 있었다고 해도 얼음을 넣어 냉각시키는 방법이 고작이었기 때문에 스지코뿐 아니라 밑반찬, 보존식품 같은 것은 요즘에 먹는 것보다 훨씬 짰다.
항아리에 들어 있는 성게알젓, 식초에 절인 정어리, 파 무침, 미꾸라지, 민물 게, 작은 은어를 2밀리미터 정도로 두껍게 통째로 썰어서 여뀌 식초나 매실식초를 뿌려 먹는 은어회, 은어 소금구이, 은어 된장찜, 오징어젓갈, 그리고 집 아래의 강에서 잡은 새우 소금구이, 말린 문절망둑 등이 아버지가 좋아하는 술안주로, 아버지는 술을 드실 때마다 이런 음식들을 안주로 자주 이용했다.
나도 우루카, 오징어젓갈, 성게알젓, 스지코 등을 몰래 훔쳐 먹어보았지만 아이의 입에는 도저히 맛이 있다고 표현할 수 없는 것이었다. 하지만 나이를 먹을수록 그 음식들의 진정한 맛을 이해하게 되었다. 그리고 때로는 니혼슈(청주)와 함께 그 맛을 음미해 보고 싶어진다.

나도 "막걸리"하고
외치고 있었다

한국 ★ 막걸리

　한국의 국보 제1호, 남대문. 그 안쪽으로 거대한(?) 시장이 있다. 우리는 남대문의 거대한 시장 한 모퉁이, 간이음식점들이 모여 있는 장소로 들어갔다. 크기가 어느 정도나 될까. 그 음식점들 앞을 지나가자 아주머니들이 손님을 부르는 고함소리가 귓속을 파고든다.

"생선회, 맛있어요!"
"순대 있어요."
"부침개 맛있어요!"

간이음식점들은 대부분 두 팔을 펼치면 닿을 정도의 넓이다. 한가운데의 凹자 형식으로 생긴 움푹 들어간 지점에 아주머니가 서서 술안주를 만들며 손님들을 상대한다. 凹자 모양 주변에는 6, 7개의 의자가 놓여 있다. 나는 아주머니의 정면에 자리를 잡고 앉아 부침개를 주문, 그것을 안주 삼아 소주잔을 기울였다.

잠시 후, 남자들이 나와 비스듬히 위치한 자리에 걸터앉더니 막걸리를 주문했다. 그들은 사발에 가득 따른 막걸리를 목젖을 울리며 한 차례 들이켜더니 길게 한숨을 내쉬고 사발을 내려놓는다.

한국인은 국물이 있는 음식을 먹을 때에 그릇을 들고 먹는 경우가 거의 없다. 숟가락으로 국물을 떠서 먹는다. 그릇을 손에 들고 먹는 것이 예의에 어긋나는 행동은 아니지만 익숙한 동작이 아니기 때문에 아름답게 보이지 않는다고 한다. 그리고 한국에서 예전에 사용하던 그릇은 놋쇠로 만들어진 것이 많았기 때문에 매우 뜨거워서 현실적으로 손으로 들고 먹기 힘들었다. 그 습관이 이어져 내려온 것인지도 모른다.

그와 반대로 일본의 칠그릇은 뜨거운 음식을 담아도 그릇에 열기가 전달되지 않기 때문에 손으로 들고 먹을 수 있다. 그래서 일본에서는 식사를 할 때 그릇을 들고 먹는 것이 예의가 되었다. 또 숟가락을 사용하지 않기 때문에 들고 마시는 수밖에 없다.

물론, 한국에서 그릇을 들고 먹지 않는 이유는 그릇이 뜨겁기 때문만은 아니다. 차가운 음식이 들어 있더라도 들고 먹지 않는다. 냉면 국물을 마실 때에도 숟가락을 이용해서 참을성 있게 먹는다. 하지만 그중에는 특이한 사람도 있다. 냉면그릇을 낚아채듯 두 손으로 집어 들고 벌컥벌컥 국물을 들이켜는 사람을 본 적도 있으니까.

어쨌든 그런 한국인의 음식문화에서 막걸리는 예외다. 남자들은 다시 사발을 손에 들고 남은 막걸리를 비우고 손등으로 입술을 스윽, 훔친다.

나도 막걸리는 지금까지 몇 번 마셔 본 적이 있다. 시큼하면서도 시원한 맛과 함께 발포주의 강렬한 자극이 느껴지는 술이다. 그리고 달착지근한 맛도 함께 어우러져 정말 맛이 좋다.

문득, 정신을 차려보니 나도 "막걸리!" 하고 큰소리로 외치고 있었다.

* * *

며칠 후 한국의 제1 항구 도시 부산에 도착했다. 직선에 가까운 부산 도로를 걷다보니 중앙에 커다란 지붕이 딸린 자갈치시장이 눈에 들어왔다. 대부분 활어와 선어를 취급하는 시장이다. 바닷물이 흐르고 있는 나무로 만들어진 수조에 다양한 물고기들이 헤엄치고 있다.

이곳저곳 둘러보고 있으려니 아주머니들의 생기 넘치는 목소리가 허공에 울려 퍼진다.

"생선회 맛있어요!"

"이거 가지고 2층으로 가면 편하게 먹을 수 있어요."

"도미가 싸요. 새우도 있고 게도 있어요."

동서로 뻗어 있는 시장은 길이가 어느 정도인지 알 수 없지만 걸어서 30분 정도는 걸릴 듯하다. 그 길 양쪽에 수건으로 얼굴을 감싼 여인네들이 생선을 팔고 있다.

생선은 ㄱ자 모양으로 얼어 있다. 이 계절이면 부산은 저녁에 영하 10도까지 내려간다고 한다. 수건으로 얼굴을 감싸거나 모자를 쓰지 않고

는 견딜 수 없는 추운 온도다. 코와 귀가 떨어져 나가는 듯한 통증이 느껴진다.

잠시 주변을 구경하면서 걷다보니 비를 피하기 위해 두께가 3밀리미터 정도 되는 두꺼운 비닐을 이용하여 바람을 막아놓은 포장마차들이 늘어서 있다. 술을 파는 곳이다. 추워서 견딜 수 없을 정도다. 이대로 계속 걸을 수는 없다는 생각에 일단 그 음식점으로 뛰어들었다.

할머니와 딸이 있었다. 딸도 마흔은 넘어 보였다.

"춥죠?"

할머니가 일본어로 묻는다. 그곳에는 고래고기를 데친 음식이 있었다. 내장도 마찬가지로 데쳐서 팔고 있었다. 그것을 적당히 잘라 고추장에 찍어 먹는다고 한다. 소주를 부탁해서 차가운 고래고기를 안주 삼아 마셨다. 독특한 향이 풍기는 고래고기가 입 속을 가득 차지하고 풍미를 자랑한다.

포장마차 안에는 연탄 화로가 놓여 있고 그 위에는 커다란 주전자가 김을 뿜어내며 맹렬히 끓고 있다. 이런 장소에서 연탄을 피우면 가스에 중독되는 것이 아닌지 불안해졌다. 하지만 입구의 두꺼운 비닐을 제치고 손님들이 들락날락거리니까 공기는 나름대로 소통이 되는 듯했다.

포장마차 안은 생각보다 따뜻했다. 소주를 마신 탓인지 몸에도 열기가 퍼져 나갔다.

좁은 장소에서 술을 마시면 왠지 모르게 마음이 편안하다. 게다가 할머니가 구사하는 일본어는 오사카 사투리다. 연배가 있는 한국인 중에는 일본어를 구사할 줄 아는 사람이 많다. 하지만 나는 한국에서 일본어를 들으면 가슴이 아프다. 강제로 일본어 교육을 실시했던 과거가 떠오르기 때문이다. 대만에 가도 나이 든 분들이 일본어를 구사하는 경우가 있다. 순간적으로 반갑기는 하지만 바로 뒤에 심정이 복잡해진다. 하물며 그 시대와 관련된 이야기가 나오면 어찌 해야 좋을지 모를 정도로 어색하고 미안해진다. 그러나 가능하면 그런 부정적인 생각은 떨쳐버리려고 노력하면서 할머니와 이야기를 나누었다.

잠시 대화를 나누어 본 나는, 할머니의 정확한 오사카 사투리에 감탄하지 않을 수 없었다. 나중에 알고 보니 오사카의 여학교에서 공부했다고 한다. 할머니는 그때 꽤 재미있었다고 말하지만 실제로는 가슴이 아팠을 것이다. 패전을 맞이하여 오사카에서 고향인 한국으로 돌아왔다고

한다. 그래서 당시에 사용했던 오사카 사투리를 그대로 기억하고 있는 듯하다. 한국으로 돌아왔는데 다시 전쟁을 겪게 되었다. 북한이 38선을 넘어 공격해 온 한국전쟁이다. 할머니는 즐거웠어야 할 청춘시절에 두 번이나 전쟁을 겪은 것이다.

딸은 상당한 미인이다. 할머니도 젊은 시절에는 꽤 미인이었을 것이다. 술은 항상 젊은 여성과 마셔야 한다고 생각했지만 이렇게 할머니와 대화를 나누면서 마시는 것도 나쁘지 않았다.

고래의 다양한 부위가 접시에 담겨 나왔다. 이웃 포장마차에서는 붕장어를 고추장에 볶은 요리를 팔고 있었다. 그것도 부탁해서 소주 두 병을 비웠다.

두꺼운 비닐이 드리워진 입구에서 보이는, 지금까지 붉은색을 띠고 있던 빛이 어느새 어슴푸레한 어둠으로 바뀌어 있었다.

길에 늘어서 있던 포장마차의 전구들이 제 모습을 뽐내느라 각각 환

한 옷으로 갈아입고 존재성을 부각시키고 있었다. 드디어 저녁 장사가 시작되는가 보다. 누군가 들어오면 그것을 신호로 나가야겠다고 생각했지만 좀체 손님이 들어오지 않는다. 또 한 병을 주문하여 할머니와 함께 들이켰다.

딸이 밖으로 나가더니 해물부침개를 가져왔다. 포장마차들은 각각 자신 있는 요리가 있고 필요할 때에는 서로 융통해서 장사를 하는 듯했다. 좁은 포장마차 안에서는 다양한 요리를 준비할 수 없기 때문에 서로 주고받는 방법을 이용하는 것 같다.

부침개를 안주 삼아 술 한 병을 더 주문했다. 그러자 취기가 감돌며 세상이 모두 내 것인 듯한 행복감이 밀려왔다. 이렇게 많은 생각을 하면서 술잔을 기울여 본 것이 언제였던가. 할머니의 이야기를 듣는 것만으로도 옛 여인의 따뜻한 인정이 진하게 느껴졌다.

그건 그렇고, 현재 일본에서 사용되고 있는 언어는 왜곡이 너무 심하다. 할머니의 우아한 오사카 사투리. 나는 그 우아하고 세련된 오사카 사투리를 음악처럼 들으면서 소주의 취기에 몸을 맡기고 있었다.

생일날 꼭꼭 씹어먹은
산낙지회와 미역국

한국 ★ 소주

"사실, 오늘은 내 생일인데…."
취기에 젖어 나도 모르게 혼잣말을 하듯 중얼거렸다.
그 말을 들은 M과 K는 깜짝 놀란 표정을 짓더니 즉시 사과를 한다.
"생일인데 이런 곳에서 술을 마시게 했다니, 정말 미안합니다."
우리는 포장마차에서 술잔을 기울이고 있었다. 나는 당황해서 이곳이 마음에 든다고 말했다. 사실이다. 하지만 두 사람은 장소를 바꾸자면서 자리에서 일어났다. 괜찮다고 말렸지만 두 사람은 더 좋은 장소로 자리를 옮겨야 한다고 고집한다. 장소를 바꾸는 것은 좋지만 여자가 있는 곳

에는 가고 싶지 않다고 말했다. 두 사람은 처음부터 서울 중심지로 갔어야 한다며 혀를 찬다. 중심지에는 더 좋은 포장마차가 있다는 것이다.

"어쨌든 장소를 바꿉시다."

우리는 K의 자가용을 이용하여 서울 중심지로 향했다. 주위에 아파트 숲이 둘러싸고 있는 광장. 그 광장 주변에 포장마차들이 줄지어 늘어서 있었다. 이런 장소에 포장마차 같은 것이 있어도 괜찮을까. 이곳은 주택가다. 무신경한 풍경이라는 느낌보다 그 거친 감각에 감동마저 느껴졌다. 작은 포장마차도 있고 서커스단의 텐트처럼 거대한 포장마차도 있었다.

우리는 그중 하나로 발길을 들여놓았다. 생각보다 내부가 넓었다. 2백 명 정도는 충분히 들어올 수 있는 크기였다. 나중에 이곳이 들판이라는 사실을 알았다. 바닥은 흙이다. 밖을 둘러보니 포장마차가 없는 공간에는 짧은 잡초들이 자라고 있었다.

　비어 있는 공간에는 사람들이 의자와 테이블을 갖다놓고 삼삼오오 무리 지어 앉아 있었다. 사람, 사람, 사람…. 포장마차 안에는 소주와 마늘, 고추, 고추장 냄새, 그리고 술과 음식에 대한 사람들의 뜨거운 열정이 뒤섞여 활기찬 분위기를 연출하고 있었다. 그 사이로 손님보다 더 뜨거운 열정을 보이며 다람쥐처럼 뛰어다니는 남녀 종업원들의 모습이 보인다. 동양인 특유의 감각과 빠른 몸놀림이다.
　자리에 앉자 즉시 달려와 테이블 위에 국물을 내려놓는다. 한 모금 먹어보니 묘한 풍미가 느껴진다. 닭고기 육수인가. 아니, 약간의 비린내가 풍기는 것을 보면 그건 아닌 것 같다. 입 안에 튀김 같은 맛이 남는다. 파 냄새도 난다. 간사이(關西) 지방의 우동 국물처럼 산뜻하다고 해야 할까, 깔끔한 맛이다.

국 맛을 평가하고 있는데 소주 한 병이 눈앞에 놓였다. 세 사람의 컵에 소주가 가득 채워지고 M과 K가 축하 인사를 해준다.

"생일 축하합니다!"

나는 그 컵을 단숨에 비웠다.

K는 종업원을 불러 미역국을 만들어달라고 주문했다. 갑자기 왜 그런 음식을 주문하는 것인지 이해할 수 없었다. 나중에 알았는데 한국에서는 생일에 반드시 이 미역국을 먹는다고 한다. 아이를 낳은 어머니는 4주일 동안, 미역국을 먹는다. 그렇게 하면 나약해진 체력이 회복되고 젖이 잘 나온다는 것이다.

그래서 생일이 되면, 자신을 낳아 준 어머니에 대한 감사와 건강을 위해 반드시 미역국을 먹는다고 한다. 나도 감사하는 마음으로 종업원이 가져 온 미역국을 맛있게 먹었다.

K가 산낙지회를 먹겠느냐고 묻는다. 물론이다. 나는 싫어하는 음식도 없지만 처음 보는 음식에는 참을 수 없을 정도로 강한 흥미를 느낀다. 우리가 앉아 있는 자리에서 음식을 만드는 장소는 꽤 멀다. 그곳을 향하여 "산낙지회!"라고 소리치자 요리사는

즉시 작은 낙지를 건져 식칼로 재빠르게 두드렸다.

그것이 테이블 위에 놓였다. 토막이 난 낙지의 다리들이 접시 위에서 정신없이 꿈틀거린다. 흔히 볼 수 있는 커다란 낙지가 아니다. 다리의 굵기는 우동 가락 정도. 젓가락으로 집었더니 플라스틱 접시에 달라붙어 떨어지지 않는다. 나름대로 요령을 구사해서 떼어내어 입에 넣었다. 그러자 빨판이 즉시 뺨 안쪽에 달라붙는다. 이가 닿을 수 있도록 뺨을 일그러뜨려 힘주어 씹는다. 이번에는 잇몸에 달라붙는다. 입술로 밀어내어 씹는다. 씹을 때의 촉감은 말로 표현하기 어려울 정도로 경쾌하다.

이번에는 소금장에 찍어 먹었다. 참기름에 소금을 넣었을 뿐이지만 참기름의 향 때문인지 고소한 맛과 소금의 짠맛이 어우러지면서 낙지와 궁합이 잘 맞는다. 지금까지 알고 있던 소스의 이미지와는 전혀 다른 풍미다. 물론, 고추장에 찍어 먹어도 된다고 한다. K와 M도 말없이 낙지만 집어 먹고 있다. 어쨌든 맛이 너무 좋아서 말을 할 틈이 없다.

접시 위에서는 짧게 토막이 난 낙지의 다리가 한 마리 긴 애벌레처럼 여전히 꿈틀거린다. 블랙유머 같은 느낌이 든다. 이렇게 신기한 음식은 본 적이 없다. 살아 있는 도미 회나 홍콩에서의 생새우 회도 멋진 경험이었고 가나자와(金澤)에서는 그릇 안에서 헤엄치고 있는 투명한 빙어를 산 채로 먹어본 적이 있지만 그보다 몇 배는 더 유머를 느끼게 하는 음식이다.

이 산낙지회는 목포의 명물이며 특히 정력에 좋다고 K가 역설한다. 그럴지도 모르겠다는 느낌이 든다. 아니, 그럴 것이다. 낙지회를 입에 넣을 때마다 틀림없이 그럴 것이라는 생각이 든다.

이 요리에 사용하는 낙지는 세발낙지라고 불리는, 다리가 가늘고 긴 작은 낙지라고 한다.

"산낙지 비빔밥도 맛있습니다."

K가 산낙지 비빔밥을 설명해 준다.

토막을 낸 낙지와 김, 호박, 고비, 고추장을 넣고 비벼서 먹는다는데 이야기를 듣는 것만으로도 입 안에 침이 가득 고인다.

낙지에 몰입하고 있는데 찌개가 나왔다. 국물을 떠먹어 본다. 잠시 후, 뚝배기 그릇이 하나 더 나왔다. 국수가 들어 있다. 그 국물을 입에 넣자 바닷가 바위 위에서 심호흡을 했을 때처럼 강한 바다 냄새가 풍긴다. 자세히 보니 조개 같은 것들이 가득 들어 있다. 젓가락으로 건져내어 맛을 보았다. 조개보다 강한 향이 풍긴다.

"미더덕입니다."

K가 설명해 주었다. 아, 멍게와 비슷한 종류의 작은 멍게, 그것이었구나. 그건 그렇고 국수와 미더덕의 조화가 너무 놀랍다. 게다가 시원하면

서도 입맛을 당기는 이 감칠맛은 정말….

"처음에 나온 국물도 이 국수 국물이었습니까?"

K가 그렇다고 고개를 끄덕인다.

해삼이 나왔다. 참새를 펼쳐서 구운 참새구이도 나왔다. 그것들을 안주 삼아 소주를 30분에 한 병 정도의 속도로 비워나갔다.

음식을 만들면서 설거지를 한 물을 버려서인지 포장마차 주변은 늪과 같이 질펀하다. 밖으로 나와 차가 있는 쪽으로 향하다가 발이 미끄러졌지만 몸의 균형을 즉시 잡아 넘어지는 불상사는 간신히 면했다. 하마터면 오수 위에 그대로 뒹굴 뻔했다. 지금은 10월 28일이다. 날씨가 쌀쌀해서 그런지 냄새는 그다지 심한 편은 아니었다.

오물투성이가 된 운동화를 내려다보면서 생일을 이런 포장마차에서 보내는 것도 나쁘지 않다고 생각했다.

마귀를 쫓는 술, 마유주

몽골 ★ 마유주(馬乳酒)

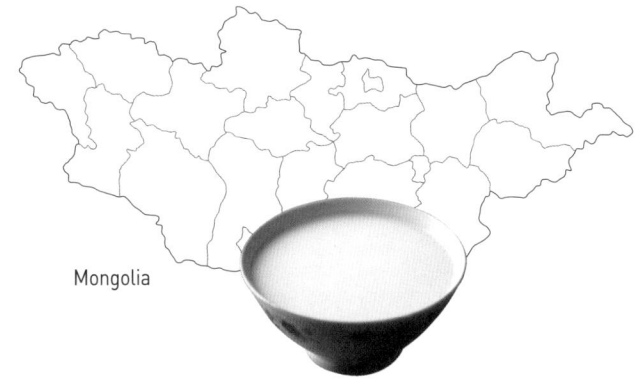

Mongolia

한 시간 정도 지나자 말들이 모였다. 새끼 말은 말뚝에 로프로 묶여 있다. 그중 한 마리를 풀어놓자 새끼 말은 울타리 안에 모여 있는 어미 말을 찾아가 젖을 문다. 잠시 후, 소년이 다가가 새끼 말을 어미 말에게서 떼어냈다. 그러자 게르(Ger. 몽골의 전통 가옥)의 아주머니가 말 뒷다리 사이로 오른팔을 뻗고 왼팔은 뒷다리 옆으로 돌려 젖을 짜기 시작한다.

날카로운 소리가 울려 퍼지며 양동이에 하얀 젖이 기세 좋게 뿜어져 나온다.

마유(馬乳)는 유제품으로 만들기에는 적합하지 않다. 지방이 적기 때

문에 마유주로 만들어 먹는 방법밖에 없다.

마유주는 여름에 없어서는 안 되는 매우 귀중한 음료수다.

새끼 말의 머리를 끌어안고 제압하고 있는 사람은 웃통을 벗어던진 소년이다. 춥지 않을까. 이곳은 평원이라기보다 고원에 가깝다. 높은 지역이기 때문에 그만큼 기온이 낮고 바람도 차다. 그런데 왜 웃통을 벗고 있는 것일까. 볕을 쬐려는 것일까. 소년은 여름방학을 맞이하여 고향으로 돌아왔다고 한다.

혼자서는 이 작업을 하기 어렵기 때문에 다른 사람의 도움이 필요하다. 아까 보았던 청년도, 게르의 주인남자도 젖을 짜는 일은 도와주지 않는다. 이것은 여성과 아이들의 일이다.

열 마리 정도의 마유를 짜는 데에는 어느 정도의 시간이 걸릴까.

마유를 짠 뒤에 게르로 들어온다.

게르 입구에는 마유주가 들어 있는, 소가죽으로 만든 커다란 부대가 매달려 있다. 폭 80센티미터, 길이 1미터 20센티미터 정도의 가죽을 두 겹으로 겹쳐서 만든 것이다.

역시 소가죽 끈으로 기운 입구 주변은 마유주가 흘러 나왔다가 마르고 다시 그 위에 흘러내리는 과정이 반복되면서 자연스러운 색깔의 변화를 보이고 있다. 시간이 지날수록 그것은 독특한 아름다움을 연출해 낸다. 하지만 요즘에는 파란 플라스틱 양동이를 사용하는 게르가 많이 보인다. 그런 양동이를 볼 때마나 아쉬운 느낌이 든다. 용도에만 맞는다면 어떤 도구를 이용하건 합리적인 쪽이 편하겠지만 그래도 과거의 전통과 양식이 사라지는 현상은 아쉬움을 지우기 어렵다.

아주머니가 그릇에 마유주를 따라 주었다. 한 모금 들이켜자 부드러

우면서도 독특한 향이 느껴진다. 가죽 부대에 들어 있었기 때문일까.

백 미터 정도 떨어진 언덕 기슭의 게르에 살고 있는 세 살 정도의 여자아이와 다섯 살 정도의 남자아이, 그리고 할머니가 찾아왔다.

여자아이의 이름은 '오싱'이라고 했다. 몽골에서도 일본의 드라마 〈오싱〉이 텔레비전으로 방영되어 인기를 모 았는데 여자아이가 주인공 오싱을 닮았다 하여 모두 여자아이를 '오싱'이라고 부른다고 할머니가 설명을 해주었다.

할머니가 마유주를 한 모금 마시자 그 다음에 남자아이가 마시고 '오싱'은 할머니 품에 안겨 마유주를 마셨다. 아무리 알코올 도수가 2%라고 하지만 그래도 술인데 아이들이 마시다니, 놀라지 않을 수 없었다. 그러나 이 마유주는 비타민C가 다른 젖의 네 배나 되고 미네랄이나 영양소도 풍부하다. 그 때문에 겨울에 고기를 많이 섭취하여 지쳐 있는 위와 장을 깨끗하게 청소해 주는 역할을 한다.

어느 게르를 가건 여름에는 너나 할것없이 마유주를 내놓는다. 따라서 한 게르에서 적어도 마유주를 한두 잔은 마시게 된다. 한 그릇이 한 대접이다. 한두 잔만 마셔도 배가 불러오고 위장이 출렁거릴 정도다. 그런데 매일 몇 군대의 게르를 방문하기 때문에 하루에 내가 마시게 되는 마유주는 상당한 양에 이른다.

'어떤 바흐(몽골 씨름) 선수는 단숨에 20리터를 마셨다'는 이야기도 들었다. 양동이 하나 분량이다. 이 게르의 주인남자도 젊은 시절에는 엄청난 양을 마셨다고 한다.

주인남자도 바흐 선수였던 듯 체격이 좋다. 민속의상 델(Deel)을 입고 있는 상태에서도 풍부한 근육을 알아볼 수 있을 정도다. 그러나 입구에 앉아 마유주를 마시고 있는 아들은 키는 크지만 야윈 체격이다.

그때, 또 한 명의 키가 큰 아들이 들어왔다. 쌍둥이처럼 닮았다. 연년 생인 듯한 그 아들도 게르로 들어오자마자 어머니가 내미는 마유주를 받아 마신다.

그리고 아까 새로 짠 마유를 가죽부대에 붓고 깃털처럼 나무가 박힌 막대로 휘젓기 시작한다.

1만 번 정도 저으면 공기에 함유되어 있는 자연의 효모균이 섞여서 발효, 알코올이 생성된다고 한다. 그리고 이렇게 저어 주는 것으로 부패도 막을 수 있기 때문에 누구든지 게르에 들어오면 반드시 가죽부대의 마유주를 젓는다. 단, 여성은 이 작업을 하지 않는다. 남성들의 작업이다. 이웃에서 방문한 사람도 일단 게르 안으로 들어오면 주저하지 않고 가죽부대의 마유주를 젓는다. 그 횟수가 몇 번 정도에 지나지 않는 경우도 있는 것을 보면 의례적인 의미도 있는 듯하다.

그리고 게르를 방문한 사람은 주인에게서 마유주를 건네받으면 손가락 끝으로 살짝 찍어 허공에 튕겨 날린 다음에 입으로 가져간다. 일종의 마귀를 쫓는 의식이다. 나담(몽골의 축제) 같은 축제일 아침에도 신앙심이 깊은 사람은 마유주를 사방에 조금씩 뿌리는 의식을 치른다.

운 좋게도 나담 축제일 아침에 게르 앞에서 마유주를 뿌리고 있는 모습을 보고 서둘러 촬영할 수 있었다.

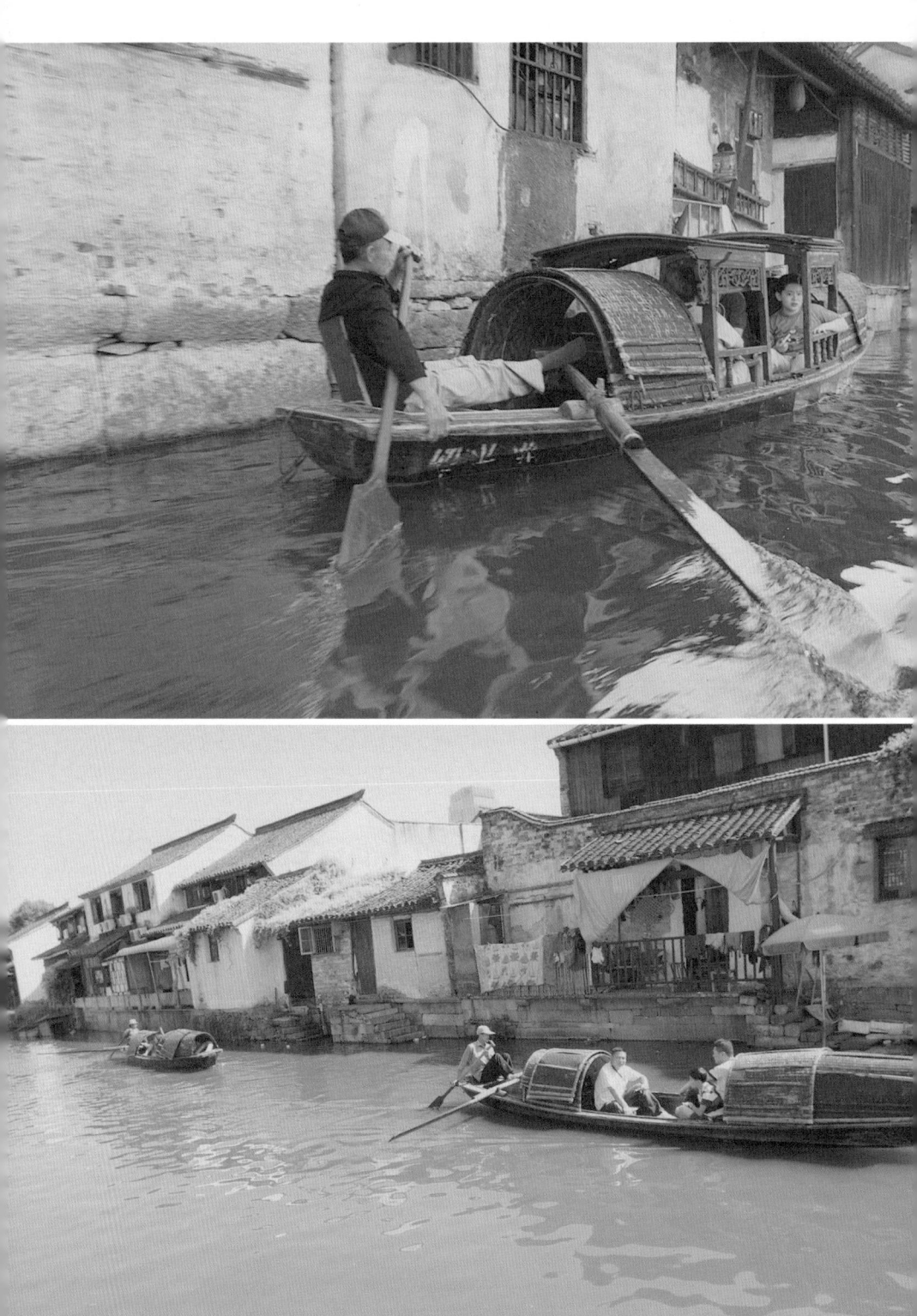

노주 향기 가득한 소흥을 가다

중국 ★ 소흥주(紹興酒)

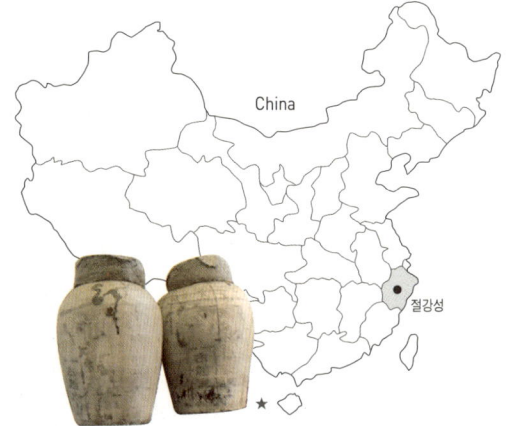

소흥에는 나만의 이미지가 있었다.

거리 전체가 소흥주(紹興酒)*의 향기로 가득 찬 곳, 술이 들어 있는 회반죽을 바른 항아리를 운반하는 배들이 오가는 운하. 소흥의 운하는 도시 전체의 10퍼센트를 차지하고 있다고 하니까 물의 도시가 틀림없다.

하지만 그런 수로는 공항에서 택시를 타고 소흥으로 진입한 뒤에도

---

*소흥주 사오싱주 찹쌀을 원료로 하여 만든 중국의 황주 중에서 가장 역사가 오래된 술. 중국을 대표하는 술 중의 하나. 조미료로도 사용된다. 알코올 도수는 14~18도. 오래 묵은 것일수록 좋다.

좀처럼 눈에 들어오지 않았다. 작은 도랑 같은 좁은 운하가 길을 따라 이어져 있는 광경이 보이는 정도다. 내가 품고 있던 이미지와는 전혀 달랐다. 그곳에는 지나치게 근대적인 광경이 펼쳐져 있었다.

일단 호텔에 체크인을 마치고 즉시 '함형주점(咸亨酒店)'으로 향했다. 루쉰(魯迅 1881~1936)의 소설 『공을기』의 무대가 된 곳. 루쉰이 죽고 난 후 가족들이 『공을기』에 나오는 이름 그대로 차린 '함형주점'. 저녁이 되면 근처의 사람들이 삼삼오오 짝을 이루고 찾아와 소홍주를 즐기는 그런 주점일 것이라고 생각했는데….

'함형주점'에 도착하니 의외로 손님들이 넘쳐났다. 입구 왼쪽에 검은 조각상이 서 있었다. 루쉰의 동상인가 하여 가까이 가보니 소설에 등장하는 '공을기'(孔乙己)였다. 장삼(長衫)이라고 불리는, 복사뼈까지 내려오는 얇은 천으로 만든 유산계급(有産階級)의 전통의상을 입고 있었다.

그러나 자세히 보니 장삼이 낡은 모습이다. 그 조각상 주위에는 함께 사진을 찍으려는 사람들로 붐볐다.

'함형주점'도 『공을기』에 표현되어 있는 것과 비슷한 모습일 것이라고 생각했지만 그렇지 않았다. 루쉰의 소설에는 이 주점에 관하여 다음과 같은 내용이 묘사되어 있다.

― 노진(魯鎭)에 있는 주점의 구조는 특이했다. 반드시 도로를 면하여 ㄱ자 모양의 큼직한 카운터가 있고 그 안쪽에는 뜨거운 물을 준비하여 언제든지 술을 데울 수 있었다. 노동자들은 힘든 일이 끝나면 동전 네 푼을 지불하고 한 잔 술을 사서 카운터에 기대어 서서 따뜻한 술을 들이켜고 숨을 돌린다. 한 푼을 더 내면 술안주로 소금물에 삶은 회향두(茴香豆)를 한 접시 주문할 수 있다. 공을기가 찾아오

면 큰 소리로, "술 두 잔. 그리고 회향두 한 접시!"라고 주문을 하고 동전 아홉 푼을 꺼내놓는다. —

소설 속에서 열두 살의 소년인 '나'는 항아리에서 소흥주를 퍼서 양철 용기로 옮겨 담아 뜨거운 물에 담가 데운다. 청나라 말기의 과거시험에 실패하여 술을 좋아하고 영락한 서적 도둑이 되어가는 남자의, 말로 표현하기 어려운 모습이 '나'의 눈에 선하다.

여기에서 주인공인 소년은 루쉰 본인이 모델이라고 알려져 있다.

당시 '공을기'는 찾아온 아이들에게 회향두를 한 알씩 나누어주었기 때문에 곧 없어져 버렸다고 한다. 회향두는 지금도 가장 값싼 술안주다. 당시에도 가격이 낮았겠지만 한 알이라고 해도 아이들에게는 더할 수 없이 맛이 있었을 것이다.

그것이 지금도 이 주점의 명물이다. 각 테이블에는 반드시 회향두가 보인다. 단, 지금은 그다지 맛있게 받아들여지지 않는 듯 접시에는 회향두가 거의 그대로 남아 있다. 손님이 자리를 뜨면 남은 회향두는 점원이 그러모아 플라스틱 양동이에 음식찌꺼기로 버린다.

한 알의 회향두를 깨물고 따뜻하게 데운 소흥주를 들이켜며 느끼는 행복감은 지금은 맛보기 어렵다.

또 하나의 루쉰의 대표작인 『고향』에는 과거 소흥의 풍경이 그려져 있다. 나는 적어도 그 분위기가 어느 정도는 남아 있으리라 생각했지만 전혀 느낄 수 없었다.

'함형주점'에 도착했을 때, 그 많은 인파에 깜짝 놀랐다. 넓은 광장에 테이블이 5, 60개 정도 배열되어 있고 각 테이블마다 대여섯 명의 손님들이 무리지어 앉아 있었다. 비어 있는 곳을 찾아보았지만 눈에 띄지 않았다. 잠시 기다리자 합석을 할 수 있는 자리가 비었다. 더 이상 머뭇거리면 술은 구경도 할 수 없을 것이다. 사람들은 서로 자리를 차지하려고 말다툼까지 벌이고 있는 실정이니까.

황주(黃酒)와 함께 술안주를 다섯 가지 정도 구입해 왔다. 그런데 구입을 하는 방법이 재미있다. 우선, 플라스틱 카드를 백 위안을 주고 구입한 다음에 그 카드로 술과 안주를 구입하는 것이다.

우리와 합석을 한 청년 두 사람이 카드로 구입해 온 술안주의 이름을 가르쳐 주었다. 간채구육(干菜扣肉), 회향두, 유작취두부(油炸臭豆腐), 증쌍취(蒸双臭), 청탕월구(淸湯越鳩), 장압(醬鴨), 취어간(醉魚干) 등이다.

두 사람은 상해에서 왔다고 했다. 상해는 이곳에서 그다지 멀지 않다. 약 200킬로미터. 넓은 중국에서는 이웃이라고 말할 수 있을 정도다. 버

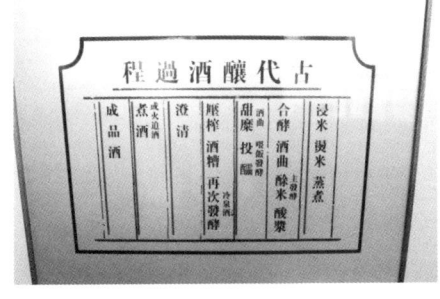

스를 이용하면 서너 시간 정도의 거리.

요리의 이름을 들으면서 우리는 이미 두 잔째의 소홍주를 비웠다. 여기에서는 소홍주를 작은 그릇이 아니라 밥공기 같은 사발에 듬뿍 채운다. 하지만 예전처럼 따뜻하게 데워서 마시는 사람은 거의 없다. 그래도 소홍주의 백미는 겨울철 주석 주전자에 담아 따끈하게 데워 매실을 넣어 마시는 데 있는데…. 요즘은 데워 마시는 방법이 유행하지 않는 것일까.

소홍주는 이 지방에서만 만든다고 알려져 있는 황주로, 오랜 시간 동안 숙성시킨 것을 노주(老酒)라고 부른다. 소홍주는 2000년 전부터 만들었다고 한다. 이 지역은 물이 맑고 원료로 사용하는 찹쌀의 수확도 많기 때문에 술을 만드는 명승지가 되었다. 이런 지식들은 관광용 팸플릿을 통해서 알게 되었다.

'함형주점'의 황주는 놀라울 정도로 향이 짙고 맛도 강하다. 달콤한 맛 역시 강한 편이다.

소홍주는 크게 나누어 네 가지 종류가 있다. 각각 '원홍주'(元紅酒), '가반주'(加飯酒), '선양주'(善釀酒), '향설주'(香雪酒)라고 한다.

중국에서 가장 많이 마시는 소홍주가 '원홍주'다. 찐 찹쌀을 대나무 판자 위에 펼쳐서 식힌 다음 열흘 정도 발효시킨 다음에 그것을 작은 항아리에 넣어 외부에 내어놓고 석 달 정도 다시 발효시킨 것을 여과하여 만든다. 알코올 도수는 16도에서 17도 정도다.

'가반주'는 반대로, 일본인이 즐겨 마시는 소홍주다. 만드는 방법은 원홍주와 거의 비슷하지만 찹쌀, 누룩을 원홍주보다 10% 정도 더 많이 넣고 최소한 3년 동안 숙성시킨 뒤에 출하한다. 한편, 가반주를 더 오랜 기간 동안 숙성시킨 노주는 화조주(花彫酒)라고 부른다.

소홍시가 있는 절강성에는 '여아홍'(女兒紅)이라는 관습이 있다. 아이가 태어난 지 사흘째 되는 날에 그 탄생을 축하하여 선물 받은 찹쌀로 소홍주를 만들고, 탄생한 지 한 달 후에 친척들이 모여 항아리를 땅속에 묻는다. 만약 그 아이가 딸이라면 성장해서 시집을 가는 날 아버지가 항아리를 파내어 '가주'(嫁酒)로서 시댁으로 가져가게 한다. 이 관습에서 이름을 따서 '여아홍'이라는 품명의 소홍주도 나와 있다. 만약 아이가 남자라면 그 술은 '장원홍'(狀元紅)이라고 부른다.

'선양주'는 알코올 도수를 더 높이기 위해 만들어진 소홍주다. 일반

적으로는 물을 사용해서 만들지만 처음부터 원홍주를 사용하여 만들기 때문에 그만큼 당분이 강하고 짙은 술이 완성된다.

그리고 원홍주에 누룩을 더 많이 첨가하고 막소주도 넣어서 만드는 것이 '향설주'다. 탁주 상태로 오랜 기간 동안 숙성시켜 만들기 때문에 단맛이 매우 강하다.

'함형주점'에서 제공되는 소홍주는 향이 짙고 달콤한 맛이 강하다. 색깔도 투명한 갈색이기보다 무겁게 가라앉은 검은색이다. 처음 보는 사람은 약초를 끓인 물로 생각할 정도다. 어쩌면 이곳의 술은 네 가지 소홍주 중에서 마지막 두 가지 중의 하나일지도 모른다. 그 술을 석 잔 마셨다. 알코올 도수는 15~17도 정도다. 아니, 그보다 더 독했는지도 모른다.

한 잔으로도 가벼운 취기가 느껴진다.

두 잔으로는 긴장이 풀어진다.

석 잔으로는 삶이 나쁜 것만은 아니라는 여유 있는 기분이 들어 자연과 몸이 융합되는 느낌을 준다.

아래의 내용은 술을 노래한 중국의 유명한 시들을 인용한 것이다. 중국인들이 마시는 술의 양이 얼마나 대단한지 소개하기 위해 인용해 보았다. 내가 지금까지 마신 양은 비교도 되지 않는다.

이백(李白)은 한 말을 마시고 시 백 편을 지었다.

여양왕(汝陽王)은 세 말의 술을 마신 뒤에야 조정에 들어갔다.

이적지(李適之)가 술을 마시는 모습은 거대한 고래가 백 개의 강물을 빨아들이는 것 같았다.

장욱(張旭)은 술 석 잔을 마신 뒤에야 글을 썼다.

초수(焦遂)는 다섯 말의 술을 마셔야 조용해졌다.

어쨌든 아무리 침소봉대를 좋아하는 국가라고 해도 평범한 주량은 아니다. 덧붙여, 시에서 말하는 술 '한 말'은 시대에 따라 차이가 있다. 한 되에서 석 되 정도의 차이다.

체류하는 도중에 '함형주점'의 소흥주를 대체 몇 잔이나 마셨을까.

왕희지의 '난정'은
소흥에 있다

중국 ★ 소흥주(紹興酒)

우리는 편액의 휘호와 둥근 기둥에 황금색으로 칠을 한 듯 멋지게 씌어 있는 글씨들을 둘러보며 원내(院內)를 돌았다.

소흥의 중심부에서 14킬로미터 정도 떨어진 산기슭, 왕희지(王羲之)*

---

* **왕희지**|王羲之, 303~361년 중국 진나라의 서예가. 왕우군이라고도 한다. 서예에 뛰어나 '서성(書聖)'이라고 일컬어진다. 처음에는 서진의 여류 서예가인 위 부인에게 글씨를 배웠고, 후에 한나라·위나라의 비문을 연구하여 해서·행서·초서의 서체를 완성하였다. 아들 왕헌지도 서예가이다. 작품으로 「난정서」, 「상란첩」, 「황정경」, 「악의론」 등이 있다. 그러나 불행하게도 왕희지의 육필(肉筆)은 남아 있지 않다. 당나라 태종(太宗 : 598~649)이 왕희지의 글씨를 사랑한 나머지 천하에 있는 그의 글씨를 모아 모두 자신의 무덤에 함께 묻어 달라는 유언을 남겨 태종의 죽음과 함께 왕희지의 글씨도 무덤 속으로 사라져 버렸다.

가 『난정서(蘭亭書)』를 쓴 장소다. 넓은 공원처럼 이루어져 있는데 여기 저기에 글씨가 조각되어 있다. 『난정서』의 내용에서 인용한 문자들인 듯하다. 물살이 흐르는 듯한 유려한 붓놀림에 황홀감마저 느껴진다.

2008년 여름, 에도도쿄(江戶東京)박물관에서 『난정서』를 볼 기회가 있었다. 전시된 글들을 바라보고 있으려니 마치 유려한 멜로디를 듣고 있는 듯한 흥분이 느껴졌다. 하지만 난정이 이곳 소흥에 있었다는 사실은 모르고 있었다.

그래서 지도를 펼치고 들여다보다가 '난정'이라는 문자를 보고 깜짝 놀랐다. 설마 이곳이 왕희지가 서예를 연구했다는 그 장소라니!

박물관의 팸플릿에도 그런 내용이 씌어져 있었겠지만 글씨에만 정신을 빼앗겨 난정이 소흥에 있고 왕희지가 살았던 곳이라는 사실은 이곳에 와서 처음 알았다.

그 건물에는 왕희지가 산책한 길이나 곡수(曲水)의 연회가 개최된 물

길을 만들어 놓은 정원이 있었다. 하지만 유명한 사본은 북경이나 대만의 박물관에 소장되는 식으로 이곳저곳으로 흩어져 있다. 이 건물 안에 전시되어 있는 것은 모두 인쇄물이다. 따라서 두드러지게 눈에 띄는 것은 없었다.

하지만 비록 인쇄물이라고 해도 글씨를 바라보고 있으면 쉽게 자리를 뜨기 어렵다. 점심식사 시간은 이미 지났다. 갈증도 느껴진다. 이 갈증은 물로 해결할 수 없다. 역시 황주가 있어야 한다.

글씨 인쇄본이나 부채, 서예 도구 등을 판매하는 장소에서 일하는 여자에게 황주를 마실 수 있는 곳이 어디냐는 뜻으로 술을 마시는 시늉을 해 보이자, 여자는 '근처에 있다'면서 바깥쪽을 가리켰다.

걸음을 옮겨보니 커다란 글씨로 '난정다랑'(蘭亭茶廊)이라는 편액이 걸려 있는 음식점이 보였다. 수수한 느낌을 주는 몇 개의 테이블 위에 나뭇가지 사이로 내리비치는 햇살이 반짝이며 춤을 추고 있었다. 여름

의 작렬하는 태양빛과는 달리 부드러운 느낌을 주는 햇살이다.

점심시간이 지났기 때문에 손님은 한 테이블밖에 없었다. 여유 있게 한 잔 기울일 수 있다는 생각에 자연스럽게 안도감이 들었다. 벽에 씌어 있는 메뉴를 보고 물만두, 우육면(牛肉面), 저혈채(猪血菜)를 주문했다. 요리의 종류는 많은 편이 아니었다. 이곳에도 취두부가 있었지만 이제는 조금 질리는 듯해 시키지 않았다. 요리가 오기 전 일단 무엇보다 중요한 황주를 주문했다.

아주머니는 몇 잔이나 필요하냐고 묻는다. 두 잔을 달라고 하자 항아리에서 퍼 테이블 위에 내려놓는다. 그런데 그 순간, 테이블이 불안하게 흔들렸다. 당황해서 즉시 테이블을 붙잡았지만 술이 약간 넘쳐흘렀다. 애주가들은 이런 경우에 엄청난 집착력을 보인다. 나도 모르게 "아깝다. 피 같은 술!"하는 말과 함께 한숨을 내쉬었다. 일본어이니까 이해했을 리가 없지만 행동을 보고 눈치 챘을 것이다. 아주머니는 미안해하면서 테이블의 다리 아래에 골판지를 끼워 넣어 움직이지 않도록 고정해 주었다.

테이블이 흔들리지 않는 것을 확인한 뒤에 아주머니는 주방으로 돌아갔다. 그러자 마치 교대라도 하듯 이곳에서 일하는 남자들이 눈앞의 테이블로 나와 자리를 잡고 앉는다. 그리고 아주머니들이 그 테이블에 요리들을 나르기 시작했다.

요리사로 보이는 남자는 1리터 정도는 들어가는 페트병을 손에 들고 짙은 차 같은 것을 사발에 따랐다. 그것은 물론 차가 아니라 황주다. 사발에 넘칠 정도로 따르더니 조심스럽게 입을 대고 목젖이 오르내릴 정도로 시원스럽게 들이켠다.

나도 이미 한 잔을 마시고 한 잔 더 달라고 주문을 한 상태다. 그런데도 그 남자가 술을 마시는 모습을 보자 나도 모르게 군침이 넘어간다.

차례로 테이블로 다가가 자리를 잡는 다른 남자들도 각각 손에 들고 온 페트병에 담겨 있는 술을 공기와 사발에 따라 마시고 긴 젓가락으로 안주를 집어 먹은 다음에 다시 사발에 술을 채운다.

요리가 테이블에 넘칠 정도로 나온다. 메뉴에는 없는 것들뿐이다. 세어 보니 11가지나 된다. 모두 맛이 있어 보인다.

중국인들은 일본인처럼 뒤에서 남모르게 식사를 해결하지 않는다. 음식점 안에서 손님이 보건 말건 종업원들이 모두 모여 당당하게 식사를 하는 것이 중국인 방식이다. 식사 정도는 함께 앉아서 편안히 먹어야 한다는 사고의 표현이다. 그리고 일을 하는 사람들은 신분의 높고 낮음과 상관없이 모두 같은 음식을 먹는다. 그것은 구경만 하고 있어도 기분이 좋아지는 광경이다.

종업원이 식사를 하는 도중에도 영업은 계속한다. 따라서 손님이 들어오면 즉시 대응한다. 손님들도 그들이 식사를 하건 말건 신경 쓰지 않는다.

이 '난정다랑'에서도 종업원 전원이 함께 식사를 하다가 손님이 들어오면 요리사와 젊은 남자만 자리에서 일어나 주방으로 들어간다. 그렇다고 모든 종업원이 식사를 중단하는 것은 아니다. 두 사람을 제외한 나머지는 태연히 식사를 계속한다.

아주머니들도 가져 온 황주를 그릇에 따라 마신다. 1인당 1리터는 아니지만 꽤 많은 양을 마신다. 그보다 더 놀라운 것은 공기에 담긴 밥의 양이다. 이곳 종업원들의 공기는 한결같이 두 그릇 분량은 되는 밥이 마치 둥근 산처럼 공기 위로 불쑥 솟아 있다.

실리주의를 추구하는 중국이다. 두 그릇을 먹을 바에는 한 번에 담아서 먹는 쪽이 귀찮지 않을 것이다. 모든 종업원이 그런 식으로 식사를 하니 엄청난 식욕이다.

나는 황주를 석 잔째 들이켰다. 그러나 밥 생각은 없었다. 면과 물만두로도 충분하다. 그야말로 소식이다.

이런 상태이니까 요리도 더 이상 들어가지 않는다.

황주 석 잔을 들이켜자 근처에서 식사를 하고 있던 종업원 중 한 명이 '차'를 마시겠느냐고 묻는다. 좋다고 고개를 끄덕였더니 차가 나왔다.

맛이 꽤 좋았다. 배가 잔뜩 부른 상태인데도 아무런 거부감 없이 한 잔을 다 마실 수 있었다. 그런데 계산을 할 때 깜짝 놀랐다. 합계 150위안 정도인데 그중에서 찻값이 60위안이 아닌가. 황주가 한 잔에 6위안인데 차는 한 잔에 30위안이다. 중국에서는 차의 가격 때문에 놀라는 일이 종종 있다. 일본이라면 차는 서비스로 제공되지만 중국은 그렇지

가 않다. 더구나 그 차는 이 항주(杭州) 지방의 명산품인 용정차(龍井茶)였다.

용정차는 중국을 대표하는 차로, 항주시 서쪽, 서호산구(西湖山區) 일대가 산지로 유명하다.

특히 사봉산(獅峰山)과 매가오(梅家塢)에서 좋은 차가 많이 생산된다. 용정(龍井)이라는 이름은 용정시에서 따온 것이라고 한다. 좋은 물과 좋은 차가 어우러져 명차(名茶)가 탄생하는 것은 술과 비슷하다. 상쾌한 향기와 약간의 떫은맛이 용정차의 특징이다. 용정시는 소흥에서도 멀지 않다. 차를 마시자 마음에 여유가 생겼다. 황주의 취기도 자연스럽게 가라앉았다. 좋은 차를 마셨기 때문일 것이다.

제3장 아메리카 오세아니아편

치어스!
비바비바!
살루으!

Corona
Extra
MADE IN MEXICO
LA
CERVEZA
MAS
FINA
BEER
Brewed and bottled by

"파티에 오십시오"

오스트레일리아 ★ 맥주(Beer)

　로즈베이(Rosebay) 근처의 유태인이 경영하는 호텔에 머무르고 있었다. 그 유명한 사보이 호텔과 같은 이름을 붙여 놓은 것이 우습다. 물론, 사보이와 비교할 수 있을 정도의 호텔은 전혀 아니다. 그런 생각을 하면서 주인남자의 얼굴을 바라보니 웃음이 터질 것 같았다.

　호텔에는 직접 조리를 할 수 있는 주방이 있다. 여느 때처럼 요트 촬영을 끝내자 배가 고파 쓰러질 것 같았다. 빨리 샤워를 하고 식사 준비를 할 생각이었다.

　호텔 1층에 양복을 팔고 있는 부티크가 있다. 호텔에 드나들 때마다

그 부티크 앞을 지났다. 그곳 오너는 나를 보면 반드시 손을 흔들어 보였다. 나는 자연스럽게 그곳으로 놀러가게 되었다. 그곳에서 일하는 아름다운 여자 로지를 언젠가 유혹해 보겠다고 생각했기 때문이다.

그날도 내가 지나치자 오너가 입구에서 얼굴을 내밀고 말을 건넸다.

"오늘, 우리 집에서 파티가 있는데 오시지 않겠습니까?"

고마운 말이다. 맥주도 마음껏 마실 수 있고 맛있는 음식도 먹을 수 있다. 그리고 아름다운 여자를 만날 수 있을지도 모른다. 갑자기 기분이 들뜬다.

로지에게 그 파티에 참석하느냐고 묻자 자기는 가지 않는다면서 싱긋, 미소를 지어 보인다. 약간 실망했다. 그러자 오너는 멋진 사람들이 많이 참가한다고 설명해 준다.

"그럼 샤워하고 6시쯤에 이곳으로 오겠습니다."

나는 샤워를 한 뒤에 세탁한 새 와이셔츠와 진바지를 입고 부티크로 내려갔다. 깨끗하게 닦여진 비틀(Beetle) 타입의 폭스바겐이 가게 앞에 멈추어 있다.

오너가 나오자 로지가 얼굴을 내밀었다.

"즐거운 시간 되세요."

아직 부티크의 문을 닫을 시간은 아니다. 포트 잭슨 만(灣)에 걸쳐져 있는 하버브리지를 건너 1시간 정도 달리자 오너의 집에 도착했다.

어디에서나 볼 수 있는 전형적인 오스트레일리아의 주택이다. 집 앞 정원에는 스프링클러가 빙글빙글 돌아가면서 사방에 물을 뿌리는 커다란 잔디마당이 있다. 그 한 모퉁이에 바비큐 재료와 바비큐 피트, 하얀 테이블크로스가 깔려 있는 테이블과 몇 개의 스툴이 놓여 있다. 그 준비를 하고 있는 남자들과 악수를 하면서 커다란 접시에 담겨 있는 고기를 흘깃, 훔쳐보고 '마음껏 먹을 수 있겠다'는 기대감에 젖었다.

안으로 들어가자 실내는 꽤 고급스러웠고 신경질적일 정도로 잘 정돈되어 있었다. 거실에서는 젊은 남자 두 명과 아저씨 한 명이 소파에 걸터앉아 맥주를 마시고 있었다. 한 사람씩 이름을 밝히면서 악수를 했다. 손들이 정말 부드럽다. 평소에 요트맨들과 악수를 자주 하는데 그들의 손은 로프를 움켜쥐어야 하기 때문에 매우 거칠다.

오너와 함께 주방으로 들어가자 역시 남자가 요리를 준비하고 있었다. 그는 호텔 주방에서 일을 배우고 있다고 한다. 내가 맥주를 마시고 싶다고 하자 즉시 글라스와 맥주를 가지고 왔다.

거실로 돌아오자 인원은 아까보다 더 늘어났지만 여성의 모습은 보이지 않는다. 시간이 되면 여성들이 우르르 몰려올 것이다.

오드볼이 나왔다. 견습생이라고 하지만 역시 요리사를 지향하고 있는 사람답게 음식 맛이 꽤 쓸 만하다. 나는 오드볼을 먹으면서 남자들과 이야기를 나누었다.

"샘은 사진작가이기 때문에 전 세계를 돌아다닐 수 있어서 좋겠습니

다. 부럽네요."

하지만 나는 내가 하는 일에 관해서 이야기를 나누고 싶은 생각이 없었다. 그래서 화제를 바꾸었다.

"오스트레일리아의 여성들은 모두 아름답던데요."

"그래요?"

"몸매가 정말 좋습니다. 수영 선수의 몸매 같더군요. 오스트레일리아 남성들은 글래머와 사귈 수 있어서 좋겠습니다."

오스트레일리아에 도착한 날, 밀크셰이크 1리터가 들어 있는 종이컵을 손에 들고 반바지 차림에 슬리퍼를 끌면서 거리를 활보하는 여성을 보고 풍만한 가슴과 엉덩이에 혀를 내둘렀던 것이다.

"모든 것이 크지요."

약사라는 남자의 말에 모두가 한바탕 웃음을 터뜨렸다. 그러나 여성의 웃음소리는 없었다. 이제 여성들이 올 시간이 된 것 같은데 언제 오는 것일까. 시간이 지날수록 기대감이 부풀어 올랐다.

그들은 나에 관하여 여러 가지 칭찬을 해주었다.

덧붙여, 샘이라는 호칭은 오사무라는 내 이름을 부른 것이다. '오'라는 발음이 어려운 듯, 모두 샘이라고 불렀기 때문에 오스트레일리아에 머무는 동안에는 '샘'으로 통했다. 일본에서는 내가 그런 이름을 사용한 적이 있다는 사실을 아무도 모른다. 지금 처음으로 소개하는 것인데 글을 쓰면서도 부끄럽다.

"샘에게 보여주고 싶은 사진집이 있습니다. 서재로 가시지요."

오너가 말했다.

서재에는 커다란 사진집과 다양한 미술서적이 진열되어 있었다. 몇 번인가 본 적이 있는 사진집도 있지만 대부분 본 적이 없는 것들이다. 그가 보여주고 싶었던 것은 바다, 더구나 바다 속의 사진집이었다. 산호의 무리, 코발트블루의 아름다운 색깔을 띤 작은 물고기들이 무리지어 헤엄을 치고 있었다. 이것이 물고기인가, 하는 의심이 들 정도로 형광색

의 블루, 엘로, 그리고 블랙의 색채가 물고기의 몸을 장식하고 있었다. 이것들은 오스트레일리아의 그레이트 배리어 리프(Great Barrier Reef)에서 촬영한 것이라고 한다.

절반 정도 페이지를 넘겼을 때, 가슴 언저리에 오너의 손이 와 닿았다. 무슨 의미인지 쉽게 이해가 가지 않았다.

"덥지 않습니까?"

오너가 말했다.

창문도 열려 있고 해안 근처에 세워져 있는 이 집은 오히려 서늘할 정도다.

"단추를 풀어드리지요."

이미 두 개의 단추를 풀어놓은 오너가 세 번째 단추도 풀려 했다. 오너의 손이….

그제야 어떤 상황인지 깨달았다. 나는 그럴 생각이 전혀 없었다. 어쩐

지 이상하다고 생각했는데….

내가 일어서려 하자 오너가 매달린다. 무엇인가 말을 했지만 알아들을 수 없다. 나는 그의 손을 뿌리치고 어슴푸레한 복도를 달려 거실을 지나서 밖으로 나왔다.

당시의 나는 남자들만의 그런 파티가 존재한다는 사실을 전혀 모르고 있었다.

자동차로 한 시간 정도 걸리는 거리를 걸어서 돌아가야 했다. 어쩌면 누군가 호텔까지 데려다 줄지도 모른다는 생각에 고개를 돌려 보았지만 거실의 불빛이 보이고 바비큐를 하는 연기가 피어오를 뿐이었다.

큰 도로로 나왔다. 그러자 바로 저편에서 헤드라이트가 다가온다. 손을 들자 자동차가 멈추어 섰다.

운전자가 창문을 내린다.

"어디로 가십니까?"

"시드니 시티까지 갑니다."

"그래요? 나도 그쪽으로 가니까 타시지요."

고맙지만 운전자는 남자다. 라프카디오 헌(Lafcadio Hearn)의 『괴담』에 등장하는 노페 라보의 이야기처럼, '이런 얼굴일까?' 하는 생각에 고개를 돌려 보았다가 깜짝 놀라는 그런 느낌이 드는 얼굴이다. 설마 이 남자도 호모는 아니겠지. 하지만 '자라 보고 놀란 가슴 솥뚜껑 보고 놀란다'는 식으로 생각이 자꾸 불안한 쪽으로 쏠렸다. 다행히 그는 호모가 아니었다. 어쨌든 당시에는 히치하이크가 가능했기 때문에 고생은 면할 수 있었다.

다음날, 오너는 내가 가게 앞을 지나도 본 척도 하지 않았다.

오너가 없을 때에 로지에게 어떻게 그럴 수가 있느냐고 이야기하자 그는 내가 알고 있는 줄 알았다고 한다. 그 후, 오너가 없을 때에 로지를 유혹해서 가끔 술잔을 기울였다.

3년 만의 재회, 5분 간의 침묵

뉴질랜드 ★ 와인(Wine)

    요트가 성황을 누린다는 점에서는 뉴질랜드도 오스트레일리아에 뒤지지 않는다. 오스트레일리아에서 멀지도 않다. 그리고 대학생 시절에 만났던 여성이 유학을 하고 있는 곳이다. 그녀를 만날 생각으로 뉴질랜드로 향했다.

    당시에는 택시를 이용하는 일이 거의 없었지만 그날은 그녀를 만날 예정이었기 때문에 선택의 여유가 없었다. 그런데 택시가 보이지 않는다. 어떻게 된 것일까. 지나가는 사람에게 물어보니 택시정류소가 있고 그곳으로 가면 택시가 대기하고 있다고 한다. 가보니 정말 몇 대의 택시가 줄지어 늘어서 있는 모습이 보였다.

택시기사들은 반바지를 입고 신문을 읽고 있었다. 일본의 택시는 특공대라고 불릴 정도로 미친 듯이 빠른 속도로 질주를 하는데 이곳은 우아하다고 표현해야 할까, 여유가 넘친다고 표현해야 할까. 어쨌든 부러운 마음이 들었다. 가장 앞에 있는 택시를 들여다보고 주소를 적은 종이를 보여 주었다.

운전기사는 마오리(Maori, 뉴질랜드 원주민)의 청년이었다.

"바로 근처입니다. 걸어서도 15분이면 갈 수 있습니다."

하지만 15분이라고 해도 주소를 찾을 자신이 없기 때문에 일단 데려다 달라고 부탁했다. 내가 꽤나 난처한 표정을 짓고 있었던 듯 운전기사는 미소를 지으며 고개를 끄덕였다.

"알겠습니다. 타세요."

조수석에 올라타자 청년이 뚫어지게 내 얼굴을 바라본다. 오스트레

일리아에서 호모들만 모이는 파티에 갔다가 기겁을 한 경험이 있기 때문에 그의 시선이 마음에 걸린다. 하지만 호모의 시선은 아니다. 나도 그의 얼굴을 바라보았다. 그 순간, 마치 거울을 보는 것 같은 느낌이 들었다.

그 사실을 깨닫고 둘이서 동시에 웃음을 터뜨렸다. 마오리의 청년은 나를 쏙 빼놓은 것 같았다.

크라이스트처치(Christ Church)는 언덕이 많다. 자동차 프런트글라스 앞으로 하얀 파도를 밀어내는 푸른 바다가 펼쳐져 있다. 잠시 후에 파란 하늘이 보였다가 그 하늘이 시야에서 사라지면 바다가 펼쳐진다. 마치 바다로 떨어져 가는 듯한 느낌이 드는 언덕이다.

한 채의 집 앞에 그녀가 서 있었다.

나는 너무 짧은 거리였기 때문에 요금을 넉넉하게 지불했다.

마오리의 청년은 오히려 미안한 표정을 지어 보였다. 그의 얼굴을 보는 순간, 그녀가 깜짝 놀라는 표정을 지었다. 나도, "나하고 똑같이 생겼지?" 하는 표정으로 그녀를 바라보았다.

그녀는 우리 두 사람의 얼굴을 몇 번이나 비교해 보고 있었다. 운전기사는 쑥스러웠는지 싱긋, 미소를 짓고 즉시 유턴을 해서 언덕을 올라갔다.

3년 만의 재회다. 하지만 조금 전에 쌍둥이처럼 생긴 운전기사를 보았기 때문인지 그쪽으로 정신이 팔려 서로 포옹을 하지도, 악수를 하지도 않은 채 나란히 언덕을 내려갔다.

언덕을 다 내려간 지점에 레스토랑이 보였다. 그곳으로 들어갔다.

테라스에 있는 자리로 안내를 받았는데 바닷바람이 들이닥치지 않도록 두꺼운 유리로 주위가 둘러싸여 있었다.

"오랜만이야."

"3년 만이네."

"응."

그대로 침묵이 이어졌다. 헤어진 이후 3년 동안, 서로의 가슴에 흐르고 있던 생각은 이미 다른 것으로 바뀌었을 것이다. 우리가 헤어져 있던 3년이라는 시간 동안, 학창시절과는 다른 보다 농밀한 시간이 흘렀을 것이다. 5분 정도의 침묵이었지만 오랜 침묵처럼 느껴졌다.

3년 전, 우리는 만나기만 하면 많은 이야기를 나누었다. 그런데 이 말이 없는 5분은 3년이라는 시간의 흐름을 압축해서 전해주는 느낌이었다.

"건강해 보여. 피부가 까맣게 탔는데."

"오스트레일리아에서 요트를 촬영하느라 매일 외부에 있었거든."

"아까 그 운전기사, 쌍둥이처럼 똑같이 생겼더라."

나는 다시 한 번 두꺼운 유리에 비치는 내 얼굴을 보았다. 확실히 많이 닮았다.

우리는 럼 소테와 뉴질랜드의 레드 와인을 마셨다.

식사를 하면서 그녀의 지난 이야기를 들었다. 뉴질랜드에서 영문학을 전공한다는 것이 신기했다. 그녀는 이 나라의 소설가라는 사람의 이름을 말했지만 그런 이름은 지금까지 들어 본 적이 없었다. 그 작가를 연구하고 있다는 것이다. 그리고 의학부에 다니는 애인이 생겼고 약혼을 했다고, 담담한 말투로 자신의 지난 세월을 이야기해 주었다. 나는 놀라지도 않았다. 그런 일을 충분히 예상하고 있었던 것처럼.

　그 남자는 졸업을 하면 오스트레일리아의 병원에 근무할 예정이고 지금은 연수를 하기 위해 오스트레일리아에 있다고 한다. 며칠 뒤에 그녀도 오스트레일리아로 간다는 것이다.

그렇구나. 그녀의 편지에, '오스트레일리아에서도 만날 수 있다'고 쒸어 있었던 것은 그런 이유 때문이었구나.

식후, 우리는 근처의 바에서 두 시간 정도 보냈지만 과거처럼 단순하고 순진한 분위기는 없었다. 그리고 어느 순간, 누가 먼저랄 것도 없이 동시에 자리에서 일어나 밖으로 나왔다. 역시 포옹은 하지 않았다. 가볍게 악수를 했을 뿐.

"요트 사진집이 나오면 보내줄게."

나의 이 말을 끝으로, 그녀는 어두운 언덕을 내려가고 나는 반대방향으로 올라갔다.

버스정류소에 도착했지만 왠지 타고 싶지 않았다. 일부러 놓쳐버리고 싶었다. 잠시 후, 버스정류장에 버스가 멈추고 문이 열렸다. 남자 한 명이 내렸다. 아무래도 막차인 듯하다. 나는 버스를 타지 않았다.

붉은 테이블램프가 멀어져 갔다. 어떻게 될지 알 수 없지만 그 버스정류장에서 벗어나 근처에 있는 퍼브로 들어갔다. 퍼브 내부는 어슴푸레한 어둠에 싸여 있고 담배연기가 공간을 메우고 있었다.

맥주를 손에 들고 카운터 근처에 선 채 목을 축였다. 그때, 누군가가 내 어깨를 두드렸다. 이런 곳에 내가 아는 사람이 있을 리 없었기 때문에 순간적으로 긴장하지 않을 수 없었다. 즉시 고개를 돌려보니 마오리의 그 운전기사였다.

"아까 그 여성은 애인입니까? 아름답던데요."

그가 말했다.

"아니, 친구입니다."

애인은 아니지만 좋아하는 사람이었다. 하지만 아까 그녀의 이야기를 들고 있을 때에는 왠지 애인에게 차인 듯한 슬픔이 느껴졌었다.

"슬픈 표정이네요. 좋습니다. 제가 여자를 찾아보지요."

그가 예닐곱 명이 앉아 있는 테이블 쪽으로 갔다.

모든 사람들과 가볍게 악수를 하고 여성에게는 뺨에 가볍게 키스도 했다. 그리고 "저 사람은 일본인이야. 뉴질랜드에는 오늘 왔어."라고 말하며 내 소개를 했다.

"폴로(아무래도 그의 이름인 듯하다)와 닮았는데. 똑같아."

여자 한 명이 말했다.

"그래, 정말 그렇다. 폴로랭기는 코알라처럼 생겼으니까."

백인 남성이 말했다. 그러자 모두 웃음을 터뜨렸다.

뉴질랜드에서는 백인과 마오리는 사이가 좋다고 들었지만 어딘가 경멸하고 있는 듯한 느낌이 들었다.

그의 정식 이름이 폴로랭기라는 사실을 그때 알았다. 그 폴로는 어딘가 모르게 동료들과 어울리지 않는 듯한 부분이 있었다.

잠시 맥주를 마시고 있었는데 그가 다른 퍼브에 가보자고 했다. 그곳에서도 분위기는 특별히 다를 것이 없었다. 폴로는 멋진 모습을 보여주기 위해 여자들에게 끊임없이 말을 걸었지만 결국은 무시를 당하는 분위기였다. 그래서 1파인트의 글라스를 비우고 밖으로 나왔다.

"한 곳만 더 가봅시다."

돌아갈까, 하는 생각도 들었지만 그 말을 할 수 없었다. 그곳에서 한참을 걸어서 도착한 퍼브는 마오리의 청년과 여성이 70% 정도였다. 대부분 마오리인들이기 때문인지 이번에는 동료들과 친숙하게 대화를 나누었다.

폴로가 과거에 올 블랙스(All Blacks: 뉴질랜드 럭비 대표팀의 애칭)의 멤버였다는 남자를 소개해 주었다. 나도 고등학생 시절에 럭비를 약간 경험했다. 만약 이런 남자가 부딪혀 온다면 어떻게 할 것인지 생각하자 등골이 서늘해졌다. 고깃덩이라기보다는 강철덩어리 같았다. 귀여운 마오리의 여성들은 이 남자에게 호감을 가지고 있는 듯, 술을 마시면서도 끊임없이 뺨에 키스 세례를 퍼부었다.

폴로와 나도 여성들 사이에 앉았다.

"일본사람이에요?"

그렇다고 대답했다.

"피부색이 우리 마오리와 같네요. 그리고 두 사람, 많이 닮았어요."

"아버지가 다른 형제인가 봐."

그 말에 모두 웃음을 터뜨렸다. 그 후, 그들은 우리를 무시하듯 자기들의 화제로 이야기꽃을 피웠다.

폴로가 옆자리에 앉아 있는 여성에게 말을 걸어도 특별한 반응이 돌아오지 않는다. 그는 여성에게 인기가 전혀 없었다.

분명히 혼자 와 있는 여성에게 접근을 해도 상대를 해주지 않을 모습이다.

그가 사준 1파인트의 글라스가 내 눈앞에 놓였다. 이것으로 몇 잔째일까. 역시 취기가 돌기 시작한다.

폴로는 또 다른 여성 몇 명에게 말을 걸었지만 그녀들은 두세 마디 대답만 할 뿐, 즉시 그에게서 벗어나 다른 남자에게로 다가갔다. 그 모습을 보고 있으려니 나까지 차인 듯한 비참한 기분이 들었다. 아마 그는 자기가 여성에게 인기가 있다는 사실을 보여주고 그중 한 명 정도 소개

를 해줄 생각이었을 것이다. 그러나 가는 곳마다 퇴짜를 맞았다. 애처로워서 도저히 더 이상 지켜볼 수가 없었다.

"나는 취해서 이제 돌아가야겠습니다."

그렇게 말하고 밖으로 나왔다.

폴로도 즉시 뒤따라 나왔다.

밖으로 나오자 어디선가 마오리의 젊은 여성이 나타났다. 폴로가 그 여성과 무엇인가 이야기를 나눈다.

그리고 나에게 조용히 묻는다.

"이 여자는 어떻습니까?"

"나는 취해서…."

"따뜻한 여자입니다."

폴로가 애처로움이 느껴지는 목소리로 말했다.

나도 그 여인이 따뜻한 여자일 것이라고 생각했다. 그리고 나는 분명히 따뜻한 온기를 원하고 있었다. 하지만 이 여자와 밤을 보내고 싶은 생각은 전혀 없었다. 나는 폴로와 악수를 하고 헤어졌다. 무엇인가 할 말이 있었지만 말이 나오지 않았다. 오늘은 왠지 말을 잃어버린 날인 듯하다.

일단 걸었다. 걷고 있으려니 서로를 끌어안고 한 덩어리가 되어 있는 두 남녀가 눈에 들어왔다.

마오리의 청년과 백인 여성이었다.

간발의 틈을 주지 않고 마신다

미국 ★ 버번위스키*(Bourbon Whiskey)

한 번은 꼭 해보고 싶은 일이 있었다.

바텐더가 잔을 채워 가볍게 미끄러뜨린 글라스를 재빨리 왼손으로 낚아채서 즉시 입 안에 털어넣는 것.

서부영화에서 그런 장면을 볼 때마다 언젠가는 나도 한 번 시도해 보아야겠다고 생각하고 있었다.

---

* **버번위스키**|Bourbon Whiskey 옥수수와 호밀로 만든 미국 위스키. 내부를 태운 통에 넣어서 숙성시킨다. 미국 켄터기 주의 버번이 원산지이다.

텍사스 주의 작은 마을, 총잡이들이 자주 드나들 것 같은 그런 바.

등자를 장식한 부츠의 발끝이 보인다. 아직 얼굴은 보이지 않지만 총잡이가 가까이 다가오자 카우보이모자를 쓴 얼굴이 절반 정도 보인다. 그는, 양쪽에 여닫을 수 있는 문을 힘차게 밀치며 안으로 들어선다. 그리고 카우보이모자를 손끝으로 치켜 올리면서 카운터 앞에 서자 위스키가 가득 담긴 글라스가 미끄럼을 타듯 가볍게 미끄러져 온다. 총잡이는 그것을 낚아채어 단숨에 꿀꺽.

나는 어린 시절부터 술은 이런 식으로 마셔야 한다고 동경했다.

하지만 총잡이가 그런 식으로 술을 마시는 이유는 남자다움을 과시하기 위해서가 아니라 질 낮은 위스키 때문일 것이다. 즉, 위스키는 천천히 음미하면서 마실 만한 고급 술이 아니었기 때문이다.

어쨌든 그런 총잡이를 흉내 내어 보고 싶었는데 마침내 도전을 해볼 수 있는 바를 만날 수 있었다. 나는 들뜬 마음으로 카운터 앞에 섰다.

"옐로 로즈."

주문을 하자 바텐더가 글라스를 가볍게 밀었다. 나는 약간 당황했지만 적당한 거리에서 글라스를 포착, 단숨에 내용물을 입 속에 털어넣었다. 바텐더는 그 모습을 보고 한쪽 눈을 찡긋해 보이며 고개를 끄덕였다.

〈옐로 로즈 오브 텍사스〉. 남북전쟁 때에 자주 불렸던 발라드 안에 등장하는 여성의 이름에서 따온 이름이다. '노란색의 장미'는 '텍사스의 미인'이라는 의미이기도 하다. 내가 텍사스에 와서 가장 먼저 알게 된 버번위스키의 이름이 옐로 로즈였기 때문에 그 위스키를 주문한 것이다.

내가 옐로 로즈를 비우자 캐치한 볼을 재빨리 퍼스트베이스로 던지는 유격수처럼, 바텐더는 즉시 버번이 가득 담긴 글라스를 다시 한 번 미끄러뜨렸다. 쉬익, 착, 꿀꺽. 식도에서 위장으로 내려가는 뜨거운 열기가 확실하게 전해져 왔다.

쉬익, 착, 꿀꺽. 바텐더도 기분이 좋아 보였다. 다른 사람을 기쁘게 해 준다는 것은 정말 기분 좋은 일이다. 아, 기분 좋다. 정말 유쾌하다.

여섯 잔째를 비운 순간, 나는 보디에 강력한 일격을 맞은 것처럼 남자들의 팔꿈치에 의해 깨끗하게 닦여 있는 카운터에 그대로 엎어지고 말았다.

젊었던 시절의 이야기다.

그날은 아침부터 베이컨 에그와 토스트만 먹었기 때문에 바에 들어왔을 때에는 완전한 공복 상태였다. 그런 상태에서 버번위스키 더블 여섯 잔.

동료와 식전주라도 마실 생각으로 들어왔는데 카운터를 보는 순간 버번위스키를 마시는 동작에 심취해 버렸다.

아무래도 분위기에 쉽게 젖어드는 성격인 듯하다. 하지만 여러분도 서부영화 등을 보고 영화관을 나오면 마치 주인공이 된 것 같은 기분이 들지 않는가.

미국에서는 거의 아무것도 먹지 않고 몇 시간 동안 술만 마시는 사람들을 흔히 볼 수 있다. 안주라고는 기껏해야 가끔씩 포테이토칩과 치즈를 씹을 정도다.

하지만 나는 아무것도 먹지 않고 술만 마실 수 있는 사람이 아니다. 반드시 안주가 필요하다. 그런데 그날은 그런 규칙을 무시했고 그 결과는 비참했다.

그때부터 한동안 버번위스키에 매료되었다. 그리고 버번위스키에 가장 잘 어울리는 안주, 살라미소시지도 직접 만들게 되었다.

　이탈리아에 살았을 때부터 여러 지방의 살라미소시지를 먹어보았지만 일본으로 돌아온 이후에는 제대로 만들어진 살라미소시지를 판매하는 곳이 거의 없어서 먹을 기회가 없었다.

　본격적인 살라미소시지를 만들려면 우선 마늘을 뿌려야 한다. 버번위스키나 브랜디를 아낌없이 사용해야 한다. 펜넬시드(Fennel Seed. 허브), 후추 등 모든 종류의 허브를 시도해 보고 자신의 기호에 가장 잘 맞는 것을 찾는다.

　양고기, 쇠고기, 돼지고기를 스모크 하우스에 매달아 사과나무나 히코리(Hickory)를 태워 연기를 쬐면서 살라미소시지를 두고 숙성시킨다. 마지막으로, 가능하면 북이탈리아의 와인 바처럼 지하에 매달아 둔다. 그러나 일본은 습기가 너무 많다. 따라서 습기가 적은 겨울에 외부에서 숙성시킬 수밖에 없다.

　차가운 바람을 이용해서 숙성시키는 것이다. 숙성이 되면 그것을 가져와 마음에 드는 모양으로 잘라 술과 함께 ―. 세 조각 정도만 먹어도 숙취는 거의 느껴지지 않는다.

　여기에서, 살라미소시지를 만드는 자세한 방법을 소개해 둔다.

쇠고기 800g
돼지고기(등심 쪽의 비계) 100g
소금 25g
마늘 5조각
후추 8g
붉은 고추 3, 4개
레드와인 150cc
버번위스키 약간
메이스(Mace. 향신료) 약간
돼지의 소장 적당량

① 쇠고기는 갈아놓는다.
② 돼지 등심 쪽의 비계는 3~4밀리미터 정도로 자른다.
③ ①과 ②를 그릇에 담고 소금과 후추를 넣은 다음, 마늘은 잘게 썰고 붉은 고추는 고리 모양으로 잘게 썰어 레드와인, 버번위스키, 메이스를 넣고 섞는다.
④ ③을 냉장고에 두세 시간 넣어둔다.
⑤ 소금으로 깨끗하게 씻은 돼지의 소장을 물에 담가둔다.
⑥ ④를 돼지의 소장에 채운다. 크림 등을 넣어서 쥐어짜는 자루가 있는데 그 자루를 이용하여 돼지의 소장에 입구를 넣고 쥐어짜는 식으로 채우면 편하다. 이것을 훈제하면 좋지만 그대로 바람이 잘 통하는 장소에 매달아 두어도 된다. 추운 날씨라면 한 달에서 두 달 정도의 시간이 걸린다. 바람이, 살라미소시지를 만든다.

커다란 글라스, 세 개의 빨대

미국 ★ 마가리타(Margarita)

저녁, 샌디에이고 다운타운으로 들어가 아름다운 레스토랑들이 늘어서 있는 교차로 한 모퉁이에 차를 세웠다.

이 주변에는 그리스, 이탈리아 등 다양한 국가의 레스토랑이 모여 있다. 그중 하나인 '다코타 그릴 스피릿 아메리칸 퀴진(Dakota Grill Spirits American Cuisine)' 이라는 레스토랑으로 들어갔다.

이 레스토랑은 호텔 겸용으로 파티오가 있는데 그곳에서 몇 명의 손님이 맥주를 마시고 있었다. 이곳이라면 괜찮을 것 같았다.

전에 방문했던 타이 레스토랑에서 외부에 있는 테이블에 앉았다가 술은 전혀 마시지 못하고 식사만 해야 하는 예상하지 못한 상황에 빠진 적이 있다. 캘리포니아의 법률에 의하면 외부에서는 술을 마실 수 없기 때문이다.

미국은 법률을 적용하는 방식이 매우 복잡해서 한쪽에서는 외부에서 술을 마셔도 되고 또 다른 쪽에서는 내부에서만 술을 마실 수 있게 되어 있다. 그리고 그 적용방식이 각 주에 따라 다르다. 레스토랑마다 받아내는 허가증의 차이인지도 모르지만.

눈앞의 테이블에 흑인 남자 한 명과 백인 여자 두 명이 앉아 있다. 지금까지 본 적이 없는 커다란 칵테일 글라스에 길이 30센티미터 정도의 붉은 빨대 세 개가 꽂혀 있고 세 사람은 각 빨대의 끝을 물고 있다.

칵테일 글라스 안에 들어 있는 것은 분명히 크러시드 아이스(Crushed Ice) 위에 부은 마가리타다. 마가리타는 데킬라를 베이스로 하여 만든 약간 새콤한 맛이 나는 칵테일이다.

나도 모르게 "촬영 좀 해도 되겠습니까?"하고 물었다. 그러자 세 사람은 나란히 붉은 빨대를 입에 물고 이쪽을 바라보며 포즈를 취해 주었다. 일본에는 한 되가 들어갈 수 있는 커다란 잔이 있는데 눈앞의 글라스는 그보다 약간 작은 듯하다. 그래도 사람의 얼굴이 들어갈 정도의 크기다.

웨이터가 다가와서 맥주를 주문했더니 지역 맥주가 있다고 한다. 그것을 부탁했다.

지역 맥주는 미국의 거대

한 공장에서 만들어지는 맥주인 쿠어스(Coors), 버드와이저(Budweiser), 밀러(Miller)를 비롯해서 알코올 도수가 25도나 되는 유토피아(Utopias), 하와이의 맥주인 쓰나미(Tsunami)가 있다. 쓰나미는 이른바 원조 지역 맥주인 앵커스팀(Anchor Steam)과 비슷하다. 색깔과 맛이 짙어서 맛이 꽤 좋다. 나는 16온스, 즉 1파인트의 글라스에 따라 단숨에 들이켰다.

그리고 한 잔 더 하려 했지만 식사부터 해야 한다. 그래서 눈앞의 세 사람이 마시고 있는 마가리타를 주문했다. 물론, 1인분이지만 그것도 꽤 커다란 글라스에 담겨 나왔다.

무엇이든 커야 좋다고 생각하는 미국이다. 요리는 별 맛이 없었지만 술은 최고다. 그 마가리타를 비우자 취기가 돌기 시작했다.

요리의 메뉴로 다코타 믹스 그릴이라는 것이 있었다. 이 레스토랑의 이름을 딴 그릴이라는 표현을 볼 때, 다양한 육류가 들어가는 듯했다. 이탈리아에서 말하는 그릴리아 미스트(Griglia Mist)가 아닐까. 스피나치 (Spinach. 시금치) 샐러드도 주문했다. 이것은 어린 스피나치에 발사믹 (Balsamic), 벌꿀, 고르곤졸라 치즈(Gorgonzola Cheese), 그리고 볶은 베이컨이 첨가된 것이라고 한다.

잠시 후, 우리가 주문한 요리가 나왔다.

그런데 한 가지 재미있는 요리가 있었다. T씨 앞에 놓인 것으로 커피 잔 받침대 정도 크기의 그릇 위에 피자가 놓여 있고 그 한가운데에 마늘이 쌓여 있는 요리였다. 지금까지 먹어 본 적이 없는 요리다. 그래서 약간 맛을 보았더니 놀라울 정도로 맛이 좋다. 말랑말랑한 마늘과 피자에 들어 있는 고르곤졸라, 그리고 양파와의 하모니가 정말 멋지게 어울렸다.

샐러드는 발사믹의 농도 짙은 신맛과 벌꿀의 달콤한 맛, 그리고 고르

곤졸라의 개성적인 냄새와 맛이 어우러져 이 또한 최고였다. 스피나치 사이에 피스타치오(Pistachio)가 뿌려져 있었다.

그릴을 주문할 때 쇠고기는 레어로 해달라고 분명하게 말했지만 나이프로 잘라도 붉은 살은 거의 보이지 않는다.

미국에서는 맛있게 구운 레어 상태의 스테이크를 구경하기 어렵다. 내 입장에서 보면 이게 정말 수수께끼이다. 닭고기는 바삭바삭, 돼지고기도 마찬가지다. 고기를 굽는 것은 삶는 것과 달라서 불 조절을 잘 해야 한다. 원하는 상태로 고기를 구우려면 요리사로서의 날카로운 감각이 있어야 한다. 이 고기는 도저히 목구멍으로 넘길 수 없어서 캘리포니아의 화이트와인을 주문했다. 육류요리니까 본래는 레드와인이 어울리지만 낮의 더위가 남아 있는 몸에 레드와인은 무리일 것 같았다. 짙은 화이트와인으로 신맛이 강한 것을 주문했다. 그런 화이트와인이라면 육류요리에도 어울릴 테고 피자 등에도 잘 맞을 것이다.

우리가 식사를 끝냈는데도 눈앞 테이블의 세 사람은 아직 빨대를 물고 있다. 두 명의 여성은 가끔씩 흑인 남자에게 뺨을 비비기도 하고 키스를 하기도 한다. 정말 부러운 남자다.

마가리타를 만드는 방법을 소개해 둔다.
데킬라: 1/2
화이트큐라소: 1/4
라임주스: 1/4
이것들을 모두 셰이커에 넣고 섞는다.

레몬으로 글라스 가장자리를 문지른 다음, 소금을 담아 놓은 접시에 거꾸로 세워 소금을 묻힌다. 그 글라스에 섞은 재료를 따르는데 이것을 스노스타일이라고 한다. 이것은 간단히 만들 수 있다.

마가리타는 스페인 여성의 이름이다. 그 어원은 그리스어 '진주'라고 한다. 로스앤젤레스의 바텐더 장 듀레서가 1949년에 생각해냈다고 하는데 이 칵테일의 유래에는 다양한 설이 있다.

그중에서 가장 극적인 설은, 젊은 날의 듀레서의 연인 마가리타가 사냥터에서 날아오는 총알에 맞아 사망했는데 그 연인을 생각하며 만들었다는 것이다. 이 칵테일은 미국의 칵테일 콘테스트에서 3위를 차지, 그 이후 인기를 얻게 되었다.

마가리타는 캘리포니아에 어울리는 칵테일이다. 특히 크러시드 아이스가 듬뿍 담긴 프로즌 마가리타(Frozen Margarita)가 일품이다.

맥주에는
감자튀김이 최고

미국 ★ 맥주(Beer)

저녁식사 때까지는 아직 시간이 남아 있었다. 그런데 속이 출출하다. 그렇다고 이 나이에 간식을 먹는 것도 어울리지 않아 맥주라도 마실 생각으로 샌디에이고(San Diego) 해안 근처의 레스토랑 바에 가기로 했다.

레스토랑 내부는 태양을 피하기 위해 창문 유리를 모스그린으로 처리하여 어슴푸레하게 어두운 분위기였다. 카운터가 있는 방은 냉방이 강해서 추위가 느껴질 정도였다. 그곳을 지나쳐 테라스로 나가서 맥주를 마시기로 했다. 그쪽이 훨씬 편하고 자유로울 것 같아 마음에 들었다.

로스앤젤레스에서도 흔히 볼 수 있는 해피아워(Happy Hour)를 적용해서 저녁에는 마가리타를 비롯한 음료 가격이 매우 싸다.

그곳에서 재미있는 서비스를 발견했다. 미국, 멕시코의 맥주를 모두 마실 수 있는 이벤트다. 종류가 열다섯 가지나 된다. 이왕이면 한 병씩 마시는 것보다 훨씬 낮은 가격에 여러 가지의 맥주를 마실 수 있다. 하지만 혼자서 그렇게 많은 양을 소화할 수는 없다. 여자와 둘이라면 모르지만. 물론, 우리는 중년 여성 한 명과 통역을 담당한 여자가 있기는 하다. 하지만 ….

결국 단념하고 피처(Pitcher)에 담긴 맥주를 주문했다. 미국에서는 맥주를 마실 때에도 특별히 주문을 하지 않는 한, 안주는 나오지 않는다. 그렇다고 저녁식사를 앞두고 안주로 요리를 주문하기에는 양이 너무 많다. 간단한 것은 없을까.

안주 없이 술만 마시기는 싫다. 옆 테이블의 손님이 감자튀김을 먹는 것을 보고 그것을 주문했다. 4인분을 주문했더니 접시에 넘칠 정도의 감

자튀김이 네 개나 나왔다. 미국의 장점인지, 아니면 단점인지 모르지만 무엇이건 양이 엄청나다.

하인츠(Heinz)의 토마토케첩 병뚜껑을 열었지만 아무리 흔들어도 케첩이 나오지 않는다. 성격이 급한 나는 있는 힘을 다해 내리치듯 병을 흔들었다. 그러자 케첩이 총알처럼 튀어나오면서 마치 살인 현장 같은 광경이 펼쳐졌다. 어쩔 수 없이 엄청난 양의 케첩에 어울리도록 머스터드도 듬뿍 뿌렸다. 그리고 한 입. 위장이 얼얼했다.

눈앞에 펼쳐져 있는 바다는 하얀 파도가 끊임없이 밀려온다. 서핀의 메카답게 파도의 크기가 엄청나다.

서퍼의 몸이 기울어지면서 서퍼와 서프보드가 파도 위로 힘차게 솟아 올랐다가 각각 따로 떨어지면서 파도 안으로 사라진다. 그 광경을 바라보면서 맥주를 몇 잔 마시고 감자튀김을 씹었다.

전 세계에서 가장 많이 먹는 야채가 감자일 것이다.

미국에서도 모든 요리에 감자튀김이 따라 나온다. 아니, 미국뿐 아니라 프랑스에서도 폼 프리트(Pommes Frites)라고 하여, 고기나 닭 등의 구운 요리에는 반드시 감자튀김이 첨가된다. 이탈라에서조차도 예외는 아니다.

감자튀김은 감자를 가늘게 잘라 기름으로 튀기는 것이지만 그 유래에는 이런 이야기가 있다.

감자튀김을 먹게 된 것은 오래 전의 이야기가 아니다. 18세기 말엽이다. 벨기에에서 뫼즈(Meuse) 강의 물이 얼어 봄이 되어도 물고기를 잡을 수 없게 되었을 때 어떻게든 물고기를 먹고 싶다고 생각한 남자가 감자를 작은 물고기 모양으로 잘라 뱅어처럼 튀긴 것이 감자튀김의 시초다.

가늘고 길게 잘라 기름으로 튀긴 다음에 잠시 두었다가 다시 한 번 튀겨내어 소금을 뿌리면 표면은 바삭하면서도 내부가 부드러운, 소금 맛이 적당히 밴 맛있는 감자튀김이 완성된다.

감자튀김의 맛은 바삭하게 튀겨내는 데에 있다. 만약 눅눅하거나 흐물흐물하다면 맛은 당연히 반감된다. 그 비법이 두 번을 튀겨내는 것이다.

감자튀김을 술안주로 삼기에는 약간 부족한 느낌이 들지만 맥주에는 잘 어울린다.

태양이 가라앉자 푸른 하늘과 바다가 갑작스럽게 어두워지며 파도 위에서 춤을 추던 서퍼들의 모습도 사라졌다. 파도에서 빠져나온 서퍼들이 보드를 끌어안고 해안가를 걷는다. 그들의 몸은 물에 젖어 있고 함께 걷는 여성의 긴 머리카락은 목에 찰싹 달라붙어 있다.

그들은 파도 속에 얼마나 있었을까.

태양이 떠오르면 바다로 뛰어들고 태양이 지면 바다에서 나온다고 큰소리 치는 서퍼도 있다. 그들의 육체는 얼마나 강인한지 전혀 피로를 느끼지 않는다. 나도 럭비공을 끌어안고 하루 종일 뛰어다녀도 피로를 전혀 느끼지 않았던 시절이 있었다. 하지만 지금은 이렇게 앉아서 맥주를 마시는 것만으로도 피로감이 밀려온다.

우리가 마시고 있는 맥주를 보고 서퍼는 하얀 이를 드러내며 미소를 지어 보였다. 그도 이제 샤워를 하고 매일 저녁 동료들이 모이는 바에서 맥주잔을 기울이게 될 것이다.

갓잡은 무지개 송어로 푸짐한 안주를

캐나다 ★ 위스키(Whiskey)

갑자기 수면에 은색의 물고기가 보였다. 물고기는 낚싯줄의 불쾌함에서 벗어나려고 격렬하게 몸부림을 치더니 다시 물속으로 들어갔다. 움켜쥐고 있는 낚싯대에 강한 저항감이 느껴진다. 낚싯바늘 끝에는 지금까지 본 적도 없는 물고기가 걸려 있다.

송어가 아니다.

물속에서도 몸부림을 치며 강한 힘으로 좌우로 달린다.

근육의 강인함이 그대로 전해져 온다. 뾰족한 머리와 넓고 강인한 꼬리지느러미, 그리고 그 크기를 볼 때 틀림없이 노던파이크(Nothern Pike)

다. 노던파이크는 북미에만 서식하며 차가운 물을 좋아하는 물고기다. 수온이 높으면 번식을 할 수 없기 때문에 차가운 물을 찾는다.

낚싯줄은 굵은 편이 아니다. 따라서 거칠게 잡아당길 수 없다. 힘 조절에 주의하면서 활처럼 휜 낚싯대의 릴을 조심스럽게 감는다. 가까이 다가온 물고기가 갑자기 배 밑으로 들어간다. 그물을 준비하지 않았다. 천천히 끌어올릴 생각으로 낚싯대를 조심스럽게 당기는데 둔탁한 소리와 함께 낚싯줄이 보트 가장자리에 팽팽하게 닿았다. 그리고 다음 순간, 갑자기 낚싯대가 가벼워졌다.

당했다.

낚싯대를 움켜쥔 채 나를 방해하지 않으려 했던 주위 사람들도 아깝다는 듯이 탄식을 내쉰다.

"당했네요."

"79센티미터는 되었는데."

놀리는 듯한 말투다. 80센티미터 정도라고 말해주면 더 좋을 텐데.

"소금구이가 날아갔네요."

모두 한마디씩 던진다.

캐나다를 횡단하다 보면 어류를 이용한 요리를 거의 만날 수 없다. 설사 그런 음식점이 있다고 해도 내륙에서는 냉동한 대구나 버터를 이용해서 구운 연어 정도다.

그 후, 큼직한 무지개송어(Rainbow Trout)와 노던파이크를 7마리 낚았다. 어제는 갑자기 비가 내려서 한 마리도 낚지 못하고 철수해야 했지만 오늘 저녁은 맛있는 생선을 먹을 수 있게 되었다.

어제와는 달리 건너편 호숫가도 뚜렷하게 보인다. 잠시 달리자 다리

가 눈에 들어온다.

　호수를 향해 뻗어 있는 굵은 나무로 만든 목재기둥을 박아 만든 그 다리에 보트를 묶었다.

　아무리 아침식사를 듬뿍 먹었다고 해도 점심시간이 훨씬 지난 시간이라 배가 고파 현기증이 날 정도다.

호수 입구에 있는 캐나다 원주민들의 거주마을, 룬 레이크(Loon Lake)에서 점심식사를 하기로 했다. 어제도 식사를 했던 곳이다.

소박한 음식점에 설치된, 서부극에나 등장할 듯한 문을 힘차게 밀고 들어갔다. 어제와 마찬가지로, 사람들의 시선이 우리들에게 쏠린다. 이런 장소에 일본인이 찾아오는 일은 거의 없기 때문이다. 하지만 우리는 어제도 왔었기 때문에 몇 사람은 낯이 익다. 어제보다 손님이 많다.

주인남자에게, 우리가 낚은 물고기를 조리해 줄 수 있느냐고 물어보았다. 그는 생선회는 할 줄 모른다고 농담을 던진 뒤에 "맡겨 주십시오."라고 대답했다. 절반은 남겨달라고 부탁했다. 남은 것들은 배를 갈라 말릴 생각이다.

주인남자가 안내를 해준 테이블은 아직 정리가 되어 있지 않았다. 그것을 본 주인남자는 원주민으로 보이는 웨이트리스에게 즉시 치우라고 말했다. 꽤 엄격한 태도다.

그리고 물고기가 들어 있는 플라스틱 상자를 들고 주방으로 들어갔다.

수수한 난로에 굵은 장작이 불타고 있었다.

실내는 꽤 더운 편이다. 몸에 조금씩 열기가 돌기 시작했다.

음식점 안에는 백인이 몇 명 있을 뿐, 손님 대부분이 원주민들이다. 그들은 맥주를 비롯한 다양한 술을 마시고 있었다.

이미 점심식사가 끝난 것인지 접시에 담겨 있는 음식을 먹고 있는 사람은 두세 명에 지나지 않는다.

잠시 후, 아까 그 웨이트리스가 조리한 음식이 담겨 있는 알루미늄 쟁반을 들고 주방에서 나왔다.

무지개송어는 삶아서 버터를 바른 요리와 후추를 뿌려서 표면이 검게 될 정도로 구운 요리, 허브를 뿌린 요리가 되어 나왔다. 그리고 감자튀김이 곁들여 왔다.

웨이트리스가 접시를 놓을 때에 감자튀김 몇 개가 테이블 위에 떨어졌다. 하지만 주인은 못 본 듯했다. 왠지 다행이라는 생각이 들었다.

접시 배열을 끝낸 그녀는 근처의 테이블에서 하인츠의 토마토케첩과 노란색의 머스터드 튜브를 가지고 와서 우리 테이블에 올려놓았다. 미국이나 캐나다에서는 이것이 없으면 식사를 할 수 없다. 어떤 음식이건 이것을 뿌린다.

감자튀김에 케첩을 뿌리려는데 또 좀체 나오지 않는다. 병 바닥을 두드려 보아도 역시 마찬가지다. 그래서 힘주어 세차게 흔들면서 내리치자 갑자기 용암이 흐르듯 감자튀김 위에 케첩이 산더미처럼 쏟아져 나왔다(몇 번째 거급되는 토마토케첩과의 악연…).

어류요리에 위스키는 어울리지 않지만 왠지 강한 술을 마시고 싶었다.

위스키가 목구멍을 타고 흘러 들어가자 꽤 기분이 괜찮아졌다.

우리는 캐나다 위스키인 '알베르타 스프링스 라이 위스키' 한 병을

비웠다. 캐나다 위스키는 캐나다에서 만들어지는데 적어도 캐나다 국내에서 3년은 숙성시킨다고 한다. 더구나 호밀을 51% 사용해야 한다고 법률로 엄격하게 규정하고 있다.

단숨에 마신 탓인지 취기가 느껴진다. 아직 낮이다. 위스키는 썩 괜찮은 편이지만 요리는 솔직히 맛이 별로였다. 그래도 오랜만에 맛본 생선 요리다. 그리고 갓 잡은 신선한 것이다. 단, 너무 구운 것이 근본적으로 문제였다. 그 때문에 살이 모두 과자처럼 바삭거린다. 어쨌든 배는 불렀고 충분히 취했다.

일반적으로는 사람들이 일을 하고 있을 시간이지만 계속 술잔만 기울이고 있는 원주민들이 보인다. 그들은 대부분 생활보호를 받고 있기 때문에 일을 하지 않아도 생활은 할 수 있다고 한다.

하는 일이 없다보니 아침부터 술잔만 기울이게 되는 것이다. 그러나 이것은 그들의 문제가 아니다. 백인들이 그들의 생활기반인 토지를 강제로 점령하여 그들을 쫓아냈기 때문에 발생한 결과다.

작년에 갔던 알래스카에서도 원주민들이 아침부터 술에 취해 거리를 어슬렁거리고 있었다.

우리도 취했다.

원주민들은 아까보다 더 취기가 오른 멍한 시선으로 우리를 노려보듯 바라보고 있었다.

마실수록 마음이 가라앉는 '카바의식'

피지 ★ 카바(Kava)

정말 청결한 마을이다. 먼지 하나 보이지 않는다. 광장은 커다란 럭비장으로 이루어져 있고 풀이 융단처럼 짧게 깎여 있다. 광장 끝에 지붕이 딸린 꽤 넓은 장소가 보인다. 돗자리가 깔려 있다.

여덟 개의 기둥은 야자 잎으로 덮여 있고 다양한 꽃과 잎들이 장식되어 있다. 그 지붕 아래에 마을의 중진들이 커다란 나무로 만들어진 화분 같은 그릇 주위에 정좌를 하고 앉아 있다.

그릇 앞에는 세 명의 청년이 역시 정좌를 하고 앉아 있다.

마을의 촌장이 입을 열었다.

알아들을 수 있는 단어는 '자포니'였는지 '재팬'이었는지 확실히 기억할 수 없지만 그것뿐이었는데 어쨌든 '일본에서 멀리 이곳까지 찾아와 환영한다'는 의미의 말인 듯했다.

그 말이 끝나자 젊은 남자들은 나무 그릇에 무엇인가 들어 있는 자루를 내려놓고 위에서 플라스틱 양동이에 들어 있는 물을 조금씩 붓더니 자루를 짜기 시작했다. 그러자 표현이 좀 지저분하기는 하지만 흙탕물 같은 색깔의 액체가 흘러나왔다.

촌장의 아들이 야자 껍질로 만든 그릇에 그 흙탕물 같은 물을 퍼서 시중을 드는 남자에게 건넨다.

남자는 그릇을 공손히 머리 위로 받쳐 들고 일어나 우리 앞으로 다가와 잠자코 손을 앞으로 내밀었다.

우선, 마시기 전에 한 번만 손뼉을 친다. 그리고 다 마신 뒤에는 세 번 짝, 짝, 짝, 하고 손뼉을 친다.

피지의 카바(Kava, 피지어로는 Yagona)를 맛본 것은 이때가 처음이 아니다. 4년쯤 전에 난디(Nadi)에서도 마셔 본 적이 있다. 하지만 그때도 기분 나쁜 술이라는 인상밖에 없었다. 그것을 단숨에 비웠다. 몇 잔을 거듭해서.

카바는 침정작용(沈靜作用)이 있다. 그래서 약으로도 수출하고 있다. 양조문화가 없는 폴리네시아인이 생각해 낸 술이다.

술을 마시면 흥분이 되어 소란을 피우고 싶어지지만 카바는 마시면 마실수록 마음이 조용히 가라앉는다. 기분이 너무 가라앉아 눈물을 흘리는 사람도 있지만 술을 마셨을 때처럼 큰소리를 내는 사람은 없다.

자세가 흐트러지는 경우도 없다.

　성인 남자들이 조용히 술잔을 기울이고 점차 고개를 떨구는 모습은 신기한 광경이다. 귀엽다는 느낌도 든다. 하지만 그들이 만약 술을 마시고 거친 행동을 할 경우를 생각해 보면 등골이 오싹한 느낌이 든다. 일반적으로 키는 180센티미터 정도이고 체중은 100킬로그램은 넘을 정도로 덩치가 크다. 체격도 좋기 때문에 피지의 럭비는 세계적인 수준이다. 한마디로 강하다. 아마 여기에 있는 사람들도 모두 럭비를 하고 있을 것이다.

　이중 누군가와 돌진을 해서 부딪힌다면 나는 틀림없이 날아가 버릴 것이다. 생각만 해도 두렵다.

　피지의 카바의식은 전통적으로 귀한 손님이나 친구를 맞이할 때 행해지는 전통행사다. 피지를 여행하다 보면 자연스럽게 현지 주민의 마을을 방문하게 될 기회가 있는데 그때 마을 주민들은 한자리에 모여 카바의식을 마련해 준다.

　이때 피지 사람들은 손님들에게 카바 또는 양고나라고 불리는 피지 전통의 음료수를 제공한다. 환대의 의미를 지닌 카바는 일종의 고추나무 뿌리를 갈아 만든 음료수로 피지 사람들이 즐겨 마시는 것. 그 빛깔이 마치 막걸리와 비슷하지만 맛은 전혀 다르다. 마시면 일종의 술처럼 혀가 얼얼하고 많이 마시면 취한 것과 같은 현상을 느낄 수 있다.

이는 카바가 마취제의 원료로 사용되기 때문이라고 한다. 오래 전부터 피지인들은 무겁고 힘든 일과를 마치고 난 후, 동료들과 이 카바를 마시며 기분전환을 했다고 전해진다. 그래서 카바를 제공하는 것은 전통적으로 손님을 친구로 받아들인다는 환영의 의미이고 또한 적대자들 사이에서는 화해를 상징하기도 한다.

이 의식이 있은 후 며칠 동안, 카바를 얼마쯤 마셨는지 모르지만 술에 익숙해져 있는 내 몸에는 거의 아무런 작용도 일어나지 않았다.

주위 사람들은 축 늘어져 있는데 나만 아무렇지 않은 표정을 짓고 있으려니 정말 어색했다. 그래서 나도 늘어진 모습을 보이거나 기분이 가라앉은 것처럼 입을 벌리고 연기를 해 보였다.

마을의 장로들은 이미 기분이 완전히 가라앉은 듯 멍한 표정으로 우리를 바라보고 있다.

비가 내린다. 햇살 아래에 내리는 비다. 빗줄기는 햇살에 반짝이며 주위를 감싼다.

내 눈앞에 다시 술잔이 다가왔다.

한 마리의 녹색 곤충이 돗자리 위로 날아와 기어 다니고 있다.

그 날개가 빗방울에 젖어 빛난다.

에필로그

맛있는 술과 안주가 인격을 육성해 준다

밥반찬은 몸을 보양하기 위한 것이다.
술안주는 마음을 보양해 준다.
술안주는 밥반찬과 다르다.
술안주는 술맛을 도와준다. 안주가 있어야 술도 있다.
잔을 비우고 안주를 집는다.
술만 몇 잔씩 들이켜면 혀가 마비된다.
와인도 마찬가지다. 치즈나 파테(Pate)를 먹으면 혀가 다시 생기를 되찾는다. 적당한 안주가 없을 때에는 빵조각이라도 상관없다.
하지만 안주가 맛이 없으면 오히려 술 쪽이 맛있는 것처럼 느껴지기 때문에 과음을 하게 된다. 따라서 적당하지 않은 안주는 아예 먹지 않는 것이 좋다.

받침접시에 넘칠 정도로 그득하게 술이 담긴 컵을 움켜쥐고 단숨에 들이켜는 것이 어린 시절부터 내가 동경했던 음주 방법이다. 근처의 술집에서 어른이 그런 식으로 마시는 모습을 볼 때마다 멋있다고 생각했다. 그리고 힘차게 탁자에 컵을 내려놓고 뺨을 부풀렸다가 크게 한숨을 내쉰 다음, 즉시 밖으로 나가는 아저씨를 보고 정말 최고라고 생각했다.

나는 초등학교 4학년 정도부터 술을 마시기 시작했기 때문에 고등학생이 된 이후 정월이면 친구와 한 되 들이 술병을 끌어안고 마셔댔다. 그 시절에는 전골을 만들어 안주로 삼았다.

하지만 대학시절에는 집에서 떨어져 있었기 때문에 돈이 없었다. 당시, 자주 만들어 먹었던 술안주는 양파를 얇게 썰어서 말린 다랑어를 섞어 간장을 뿌려 먹는 것이었다.

제대로 된 접시가 있을 리 없기 때문에 세숫대야에 담아 그것만을 안주 삼아서 몇 명의 친구와 함께 정체를 알 수 없는 탁주나 소주를 마셨다. 하지만 양파만 먹어대다 보면 눈앞이 빙글빙글 돌면서 신음소리가 절로 나온다. 그럴 때에는 얇게 썬 양파에 데친 닭 껍질을 섞어서 먹었다. 그것이 내가 술안주를 의식하고 만든 첫 요리였다.

혼자 생활하게 되면서부터는 요리도 자주 하게 되었다. 점차 요리솜씨도 좋아졌다. 당시에 가장 가격이 낮았던 고기의 힘줄과 간을 사용한 요리를 많이 만들었다. 이것들은 지금도 자주 만들어 먹는 술안주다.

하지만 술안주로서 고급이라고 말할 수는 없다. 단, 비싼 요리가 반드시 좋다는 법도 없다.

젊은 시절에는 양도 많이 먹는다. 더구나 육류 등의 기름진 것이 좋다. 하지만 나이가 들면서 몸이 요구하는 술안주도 바뀌었다.

음식은 영양만 고루 갖추었다면 대충 먹어도 된다고 생각하지만 술을 마실 때만큼은 마음 내키는 대로 먹어야 한다고 생각한다. 하지만 그게 내 마음대로 되는 일은 아니다. 요리사의 허락을 받아야 하니까….

술이 나오면 그와 동시에 젓가락과 술안주 정도는 식탁 위에 놓여 있어야 한다. 그렇다고 값비싼 안주가 있어야 한다는 것은 아니다. 남은 음식을 이용해서 간단히 만드는 방법도 있다. 아침식사 때에 건어물이 남았다면 그것을 물에 불려 양념을 해서 먹으면 된다. 단무지 조각을 가늘게 썰어서 볶은 참깨를 뿌리고 참기름과 간장을 넣어 무쳐 먹어도 맛이 꽤 괜찮다. 그런 간단한 안주로 목을 축이는 동안에 다음 안주를 만들면 된다.

작고 뭐여운 접시가 몇 개 갖추어져 있다면 그런 안주도 풍성한 술안주가 될 수 있다.

지금까지 엄청난 양의 술을 마셨지만 술 마시는 방법을 설명하고 싶은 생각은 없다. 실수도 많이 했다. 머리를 끌어안고 반성도 했다. 그런 경험을 하다 보면 술 마시는 방법을 저절로 터득하게 된다. 아, 이렇게 말하는 나도 사실은 멋지게 마시는 방법은 아직도 모르고 있다.

술을 마실 때, 알코올의 작용은 입에만 집중되는 것이 아니다. 온몸으로 퍼져나가는 감각이 확연하게 느껴진다. 온몸에서 희미한 취기가 느껴질 때에는 살아 있다는 것이 그다지 고통스럽게 느껴지지 않는다. 아니, 꽤나 고통스럽게 느껴진다. 아니, 아니다. 살아 있다는 것이 즐겁다. 아니, 그게 아니라….

술을 마시면 낮에 있었던 기분 나쁜 문제들도 모두 용해된다.

알코올은 인간을 만들어 준다.

술과 맛있는 안주가 인격을 육성해 준다.

추천의 글

세계 술맛에 취하다

우메다 미카(작가)

어느 날 저녁, 니시카와 씨에게서 전화가 걸려왔다. 재미있는 일이 있으니까 꼭 놀러오라는 것이다. 그렇다면 무슨 일이 있어도 제쳐두고 가 보아야 하는 상황. 가슴을 설레며 아틀리에의 문을 여는 순간, 참을 수 없는 강렬한 냄새가 코끝을 파고들었다.

한 번도 맡아 본 적이 없는 냄새다. 굳이 표현하자면 썩은 젓갈이나 고등어자반을 말리는 냄새, 아니면 라디오 프로그램 취재를 하면서 단 한 번 먹어 보았던 붕어식해…. 아니, 역시 그 어느 것도 아니다.

내가 코와 입을 손으로 막으면서 안으로 들어서자 니시카와 씨는 어린아이처럼 웃으며 잔에 담겨 있는 투명한 술을 마시고 있었다. 주위에 앉아 있는 편집자 오시마(大島) 씨와 어시스턴트들도 나와 마찬가지로 얼굴을 잔뜩 찡그리고 있었다. 권하는 자리의 테이블 위에는 개봉된 통조림 한 개가 놓여 있었다.

그렇구나. 오늘은 이것을 시식하는 모임이었구나! 내 눈앞에 있는 것은 '전 세계에서 냄새가 가장 심한 통조림'으로 유명한 '수르스트뢰밍'이었다. 알고 계신 분도 있겠지만 스웨덴에서 먹을 수 있는 청어젓갈 통조림으로, 발효 중인 상태에서 통조림을 만들었기 때문에 뚜껑을 열면 음식이라고는 도저히 생각할 수 없는 심한 악취가 풍긴다.

마음은 내키지 않았지만 그래도 고개를 치켜드는 호기심을 참지 못하고 약간, 정말 약간만 먹어 보았다. 순간적으로 혀가 마비되는 듯한 강렬한 소금기가 느껴졌지만 냄새만큼 참을 수 없을 정도로 심한 맛은 아니다. 그러나 다음 순간, 이번에는 그 냄새가 나의 온몸에서 엄습해 온다.

나는 즉시 옆에 있는 글라스를 움켜쥐고 레드와인을 정신없이 들이켰다. 그러나 짙은 포도의 신맛도 입 안과 목, 위장에서 치밀어 오르는 냄새를 막지는 못했다. 내가 울 듯한 표정으로 인상을 잔뜩 찡그리고 있자 니시카와 씨가 재미있다는 듯 웃음을 터뜨리면서 마시고 있던 글라스를 건네주었다.

"독하니까 천천히 마셔요."

언뜻 보기에도 알코올 도수가 꽤 높은 증류주다. 그날은 아틀리에를 방문한 뒤에 맛있는 초밥을 먹을 예정이었다. 그 전에 이렇게 독한 술을 마시고 싶지는 않았지만 선택의 여지가 없었다. 단념하고 눈을 질끈 감은 다음에 천천히 들이켜자 신기하게도 입 안의 냄새가 거짓말처럼 사라졌다. 내 얼굴에 퍼지는 안도감을 보고 니시카와 씨가 만족스럽다는 듯 말했다.

"수르스트뢰밍에는 아콰비트가 딱 맞는 궁합이지요."

지금까지 니시카와 씨와 함께 얼마나 많은 술을 마셨을까. 이탈리아 레스토랑에서 즐긴 몇 종류나 되는 와인, 중화요리 전문점에서 맛본 소홍주, 초밥음식점 카운터에서 주전자를 기울여 마셨던 니혼슈. 그 술자리는 늘 난로 옆에 앉아 있는 것처럼 따스했고 재미있는 이야기로 웃음꽃이 피었다.

그리고 무엇보다, 니시카와 씨의 아틀리에에서 마시는 술은 최고다.

"내가 손님을 대접하는 방식은 함께 술을 마시면서 안주를 만들어 먹는 것입니다."

이 말대로, 니시카와 씨는 '남성의 요리' 라는 범주에서 훨씬 벗어난 맛있는 요리를 적절한 타이밍에 맞추어 서비스해 주었고 당신 자신도 마음껏 마시고 즐겼다. 손님을 불편하게 하는 일도 없고 테이블에 안주가 떨어지게 하는 경우도 없다. 이 책의 밑바탕에 흐르는 '안주가 있어야 술도 있다' 는 신념은 그의 일상생활에도 관철되어 있다.

사실, 니시카와 씨를 처음 알게 되었을 당시의 나는 저녁식사도 제대로 하지 않고 버번 온더록을 마시며 밤을 새우는 식으로 음주를 했다. 바의 카운터에서 안주를 먹는 모습은 어울리지 않는다고 생각했고 안주를 먹으면 술 맛이 떨어진다고 믿었다.

그런 나를 보고 니시카와 씨는 "술만 마시면 재미가 없지요. 이왕 마실 바에는 안주도 철저하게 먹어야 합니다. 안주를 먹지 않으면 뒤끝이 좋지 않습니다."고 말하며 그때 마시고 있던 술에 잘 어울리는 요리를 준비해 주었다.

"어정쩡한 안주를 먹기 때문에 술 맛이 떨어지는 것입니다. 정말 맛있는 안주를 먹으면 술 맛이 더 좋아지지요."

실제로 안주와 함께 먹어보니 니시카와 씨의 말이 맞았다. 그 후, 그와 함께 술잔을 기울일 때면 마음껏 먹고 마시고 웃을 수 있었다.

니시카와 씨는 결코 와인 전문가라거나 시음의 명인은 아니다. 그 증거로, 매년 신년회를 겸하여 개최되는 시음대회에서는 늘 꼴찌이거나 꼴찌에서 두 번째 정도다(덧붙여 나는 과거에 단 한 번 우승한 적이 있다. 숨기고 싶은 자랑거리다).

그것은 그가 천성적인 주당이거나 '세련된 멋'을 중시하는 신사가 아니라 진정한 애주가이기 때문이다. 와인에 관한 지식을 얻기 위해 '늘 마시기 전에는 라벨을 읽고 연대, 산지, 생산자, 등등을 노트에 기록해야겠다고 생각' 했지만 '한 잔, 두 잔 들이켜는 동안에 점차 아무려면 어떠냐는 식으로 의식이 음주에만 집중된다'. 이렇게 해서 '사실은 혀나 몸이 기억을 하는 것으로 충분하지 않을까' 하는 진실에 도달했기 때문에 전 세계의 술을 혀로 느끼고 몸으로 즐길 수 있게 된 것이 아닐까.

"나는 외국으로 가면 그 지역 주민들이 하는 행동을 그대로 흉내 내어 본다. 그렇게 하면 신체를 통하여 막연하기는 해도 무엇인가 동질감을 느낄 수 있기 때문이다."

이 철저한 자세로 니시카와 씨는 미지의 술과 안주에도 과감하게 도전한다.

타이에서는 '숨이 막힐 정도로 강렬한' 쌀로 만든 소주 라오 카오를 흔쾌히 들이켰다. 몽골에서는 게르를 방문할 때마다 주인이 소가죽을 연결하여 만든 가죽부대에 들어 있는 마유주를 대접받고 '위장이 출렁거릴 정도'로 마셔댔다. 발리에서는 수많은 하얀 벌레들이 거품과 함께 오르내리는 뚜악을 다섯 병이나 마셨다.

아시아 편은 약간 비위가 상하는 내용도 있지만 유럽 편-미국 편을 읽다 보면 술을 마시고 싶어 견딜 수 없는 충동이 느껴진다.

파리의 카페에서 서서 마시는 리카르, 로마의 트라토리아에서 배가 터지도록 식사를 한 뒤에 유혹에 못 이겨 들이켠 그라파, 런던의 퍼브로 뛰어들어가 정신없이 들이켠 1파인트의 비터 맥주, 밀라노에서 할머니에게 배워 부인과 함께 만든 민들레 술, '약간 목을 축였을 뿐인데도 몸이 저리는 듯한 느낌'이 오는 그리스의 우조, 갓 잡은 송어와 궁합이 잘 맞았던 캐나다 위스키.

그 술에 대한 묘사도 실로 멋지기 그지없다.

"목구멍을 넘어갈 때에는 우유를 먹는 듯한 감각이지만 잠시 지나면 위장이 뜨겁게 달아오르기 시작하면서 피로가 사라진다."(스코틀랜드*스카치)

"시큼하면서 시원한 맛과 함께 발포주의 강렬한 자극이 느껴지는 술이다. 그리고 달착지근한 맛도 함께 어우러져 정말 맛이 좋다."(한국*막걸리)

"글라스에 따라 빛에 비추어 보니 루비를 쥐어짠 붉은 액을 모아놓은 듯하다."(포르투갈*포르토 와인)

마셔 본 적이 없는 술도, 아니 술을 마시지 않는 분들이라도 자기도 모르게 강렬한 음주 충동을 느끼게 만드는 매력적인 묘사가 아닌가. 좋아할 수 있어야 프로가 될 수 있다는 말이 있지만 술을 이렇게 생생하게 묘사할 수 있는 사람은 니시카와 씨 이외에는 본 적이 없다.

'전 세계에서 냄새가 가장 심한 통조림'의 강렬한 뒷맛도 사라지고 약속대로 맛있는 초밥과 고구마소주를 대접받은 뒤에 돌아오는 길, 니시카와 씨가 문득 이런 말을 했다.

"내가 술을 마실 줄 몰랐다면 아마 지금도 동정이었을 겁니다."

술의 힘 따위는 빌리지 않아도 충분히 섹시하고 멋진 니시카와 씨를 주위의 여성들이 가만히 내버려둘 리는 없지만 멀쩡한 상태에서 사랑을 시작하는 것은 쉬운 일이 아니다.

술은 사람을 순수하게 만들어 주고 대담하게 이끌어 주며 자연스럽게 이야기를 할 수 있는 분위기를 제공해 준다. 사랑스런 상대에게 마음을 전할 수 있는 자신감과 용기를 준다. 나도 지금까지 사랑을 하면서 술의 힘을 정말 많이 빌렸다. 이것도 니시카와 씨가 말하는 '술과 맛있는 안주가 인격을 육성해 준다'는 의미와 연결될지 모른다. 물론, 만취가 아니라 '기분 좋게 취한 상태'에서의 이야기다.

나도 지금은 젊은 시절처럼 폭주는 할 수 없다. 주량이 줄었을 뿐 아니라 역시 술은 맛있는 안주와 함께 즐기고 싶다는 욕구가 생겼기 때문이다. 나는 오랜 세월에 걸쳐 니시카와 씨에게 '기분 좋게 취하는 방법'을 배운 것인지도 모른다.

한 가지 사치스런 바람을 이야기한다면 나는 아직 니시카와 씨와 바에서 칵테일을 마셔 본 적이 없다. 그래서 이 책에 등장하는 드라이 마티니나 프로즌 마가리타를 니시카와 씨와 함께 마셔보고 싶다.

니시카와 씨, 그래주시겠지요?

찾아보기

ㄱ

가나자와(金澤) 177
가반주(加飯酒) 191
'가주'(嫁酒) 192
간사이(關西) 175
간채구육(干菜扣肉) 189
갑판 의자(Deck Chair) 35
강남성(江南省) 140
게르(Ger) 179, 181, 182, 183, 259
계자단(鷄仔蛋) 140
고르곤졸라 치즈(Gorgonzola Cheese) 233, 234
고슈(古酒) 149
고쿠사이도오리(國際通) 156

곡수(曲水) 196
곤돌리엘레(Gondolielle) 89
공을기(孔乙己) 186, 187, 188
광주(廣州) 140
그라파(Grappa) 12, 69, 75, 76, 81, 260
그레이트 배리어 리프(Great Barrier Reef) 212
그리시니(Grissini) 73
그릴리아 미스트(Griglia Mist) 233
까록(Ca Loc) 146

ㄴ

난디(Nadi) 249

난정(蘭亭) 14, 195, 196
난정다랑(蘭亭茶廊) 197, 200
난정서(蘭亭書) 195, 196
넘플라(Num Pla 魚醬) 111, 118
노던파이크(Nothern Pike) 241
노주(老酒) 14, 149, 185, 191
노진(魯鎭) 187
느억맘(Nuoc mam) 137, 144
니시카와 오사무(西川治) 252~261
니혼슈(日本酒) 14, 148, 161, 164, 258

ㄷ

다코타 그릴 스피릿 아메리칸 퀴진
(Dakota grill spirits American Cuisine) 231
데라살(De La Salle) 123
덴파사르(Denpasar) 131
도소주(屠蘇酒) 8
돌체(Dolce) 74
뚜악(Tuak) 13, 130, 259

ㄹ

라압(Laap, 라브 Larb라고도 함) 109, 110, 111, 112, 113
라오 카오(Lao Khao) 13, 115, 117, 119, 120, 259

라프카디오 헌(Lafcadio Hearn) 214
레몬 필(Lemon Peel) 86
레스토란테(Restaurante) 88, 89
레이 브래드버리(Ray Bradbury) 94
로즈베이(Rosebay) 207
루가우(Lugaw) 126
루쉰(魯迅) 186, 188
룬 레이크(Loon Lake) 244
르우껑(Ruou Can) 14, 141, 145, 146
리알토 다리(Ponte di Rialto) 88
리카르(Ricard) 12, 29, 31, 260
리콜리스(Licorice) 32

ㅁ

마가리타(Margarita) 15, 231, 232, 233, 235, 237, 261
마오리(Maori) 216, 217, 220, 221, 222, 223, 224
마유(馬乳) 179, 181, 183
마유주(馬乳酒) 14, 179, 181, 182, 183, 259
마키시(牧志) 156
마타도르 52
매가오(梅家塢) 202
메콩위스키 3, 109, 111, 112
명차(名茶) 202
모대주(茅·臺酒) 9

모단(毛蛋) 140
모라세스 슈거(Molasses Sugar) 112
목단강(牧丹江) 7, 8
뫼즈(Meuse) 238
무지개송어(Rainbow Trout) 242, 245
미코노스(Mykonos) 43
밀러(Miller) 233

ㅂ
바롤로(Barolo) 101
바르(Bar) 49, 50, 52, 54
바르바레스코(Barbaresco) 101
반천적(半天吊) 140
발룻(Balut) 136, 137
발사믹(Balsamic) 233
버드와이저(Budweiser) 233
버번위스키(Bourbon Whiskey) 225, 227, 228, 229
베르무트(Vermouth) 86
보졸레 누보(Beaujolais Nouveau) 34
봉골레(Vongole) 73
북만주(北滿州) 7
비노 로소(Vino rosso. 레드와인) 79, 83
비노 비앙코(Vino Bianco. 화이트와인) 80, 88, 90
비노(Vino) 73, 79, 80, 82, 83, 100, 101, 103, 104, 105

비아허이(생맥주) 14, 136, 138, 139
비터(Bitter) 25
비틀(Beetle) 208
빗론(Vit Lon) 14, 136, 137, 138, 139, 140

ㅅ
사르디니아(Sardinia) 76, 77, 78, 80, 82
사리사리스토어(Sari Sari Store) 121
사봉산(獅峰山) 202
사사리(Sassari) 81
사테(Sate) 132, 133, 134, 135
산미구엘(San Miguel) 13, 121, 123, 125, 127
살라미소시지(Salami Sausage) 73, 82, 83, 228, 229, 230
삼사약주(三蛇藥酒) 9
서호산구(西湖山區) 202
선양주(善釀酒) 191, 192
세컨드 피아토(Secondo Piatto) 74
셴미 13, 115, 118, 119
셰리(Sherry) 12, 49, 50, 52
소아베(Soave) 87
소흥(紹興) 14, 185, 189, 195, 202
소흥주(紹興酒) 9, 14, 185, 188, 189, 191, 192, 193, 194, 195, 258
수르스트뢰밍(Surstrmming) 41, 257
수블라키 46
스지코(筋子) 164

스카치(Scotch) 19, 20, 21, 22
스칼치 다리(Ponte degli Scalzi) 88
스쿠가라스 두부 158
스트로 해트(Straw Hat) 89
스파게티 카르보나라(Spaghetti alla Carbonara) 73
스피나치(Spinach) 샐러드 233, 234
시비타베키아(Civitavechia) 76
쓰나미(Tsunami) 233

ㅇ

아니스(Anise) 32
아도보(Adobo) 122
아말리아 로드리게스(Amalia da Piedade Rodrigues) 64
아오스타(Aosta) 101
아와모리(泡盛) 14, 147, 148, 149, 150, 151, 153, 157, 158, 159
아콰비트(Aquavit. 아쿠아비트) 12, 35, 38, 39, 41, 257
아페리티프(Aperitif) 70, 71, 72, 149
안티파스토(Antipasto) 90
알락(Arrack) 131
앵커스팀(Anchor Steam) 233
야마시로(山城) 156
야자주(椰子酒) 130, 131, 132
에도도쿄(江戶東京)박물관 196

에르미타(Ermita) 121
여아홍(女兒紅) 191, 192
여양왕(汝陽王) 194
연대홍포도주(烟臺紅葡萄酒) 9
오가주(五加酒) 9
오레가노(Oregano) 72
오시마(大島) 256
올 블랙스(All Blacks) 222
와로롯마켓(Warorot Market) 109
와룽(Warung) 133
왕희지(王羲之) 14, 195, 196
원홍주(元紅酒) 191, 192
용정(龍井) 202
용정차(龍井茶) 202
우루카 161, 162, 163, 164
우에하라(上原) 148, 149
우육면(牛肉面) 198
우조(Ouzo) 12, 43, 46, 48, 260
유작취두부(油炸臭豆腐) 189
유토피아(Utopias) 233
이백(李白) 194
이산(Isan. 타이 동북지방) 109
이적지(李適之) 194

ㅈ

자우무옹(Rau Muong) 137
장삼(長衫) 186

장압(醬鴨) 189
장욱(張旭) 194
장원홍(狀元紅) 192
저그(Jug) 20
저혈채(猪血菜) 198
절강성(浙江省) 191
증쌍취(蒸双臭) 189

ㅊ

청도백포도주(青島白葡萄酒) 9
청탕월구(淸湯越鳩) 189
초리아티키 46
초리죠(Chorizo) 54
초수(焦遂) 194
취어간(醉魚干) 189
치앙마이(Chiang Mai) 109
친자노(Cinzano) 88, 90
침정작용(沈靜作用) 249

ㅋ

카르파초(Carpaccio) 87
카바(Kava. 피지어로는 Yaqona) 15, 248, 249, 250, 251
카이한한 140
카오니아오(Khaoniao) 109, 112, 113
칸토(Can Tho) 144

칼리아리(Cagliar) 77, 81
쿠어스(Coors) 233
크라이스트처치(Christ Church) 217
크러시드 아이스(Crushed Ice) 232, 235
키드니 파이(Kidney Pie) 26
키안티 클라시코(Banfi Chianti Classico) 101

ㅌ

타갈로그어(Tagalog語) 122, 126
타르타르(Tartare) 110
타베르나(Taverna) 46, 48
타파스(Tapas) 49, 50, 52, 54
터보그(Tuborg) 36
테노르(Tenor. 테너) 90
트라토리아(Trattoria) 73
트립파 알라 로마나(Trippa alla Romana) 73

ㅍ

파두(Fado) 12, 60, 61, 64
파엘랴(Paella) 52
파인트(1pint. 1/8갤론) 25, 26, 221, 222, 233, 260
파태단(破胎蛋) 140
파테(Pate) 252

팍치(Phak Chii : 고수) 111, 118

퍼브(Pub) 12, 23, 25, 26, 27, 220, 221, 260

페데리코 펠리니(Federico Fellini) 71

페르노(Pernod) 32

펜넬시드(Fennel Seed. 허브) 229

포르토(Porto) 와인 12, 60, 62, 63, 64, 65, 66, 260

폼 프리트(Pommes Frites) 238

푸에르타 델 솔 50

프로즌 마가리타(Frozen Margarita) 235

프루타 데 토르타(Fruta de Tortam) 73

플루토 52

파스타스 33

피스타치오(Pistachio) 234

피아차(Piazza) 70

피에몬테(Piedmont) 101

피처(Pitcher) 237

피키누(Pickeenoo) 112, 118

ㅎ

하몽 세라노(Jamon Serrano) 54

하인츠(heinz) 238, 245

함형주점(咸亨酒店) 186, 189, 191, 193, 194

항주(杭州) 202

향설주(香雪酒) 191, 192

해남성(海南省) 140

해리스 바(Harry's Bar) 85

해피아워(Happy Hour) 236

화조주(花彫酒) 191

활단(活蛋) 140

황주(黃酒) 189, 191, 197, 198, 199, 200, 202

희단(喜蛋) 140

회향두(茴香豆) 187, 188, 189

히스(Heath) 20, 22, 81

히코리(Hickory) 229

초판 1쇄 인쇄 2011년 3월 15일
재판 1쇄 발행 2013년 7월 1일

지은이 | 니시카와 오사무
옮긴이 | 이정환

펴낸이 | 김명숙
펴낸곳 | 나무발전소
기획·편집 | 김상미
디자인 | 이명재

등록 | 2009년 5월 8일(제313-2009-98호)
주소 | 서울시 마포구 합정동 205-7 서림빌딩 9층
이메일 | tpowerstation@hanmail.net
전화 | 02)333-1962
팩시밀리 | 02)333-1961

ISBN 978-89-962747-6-6 13980

* 책값은 뒤표지에 있습니다.